若い教師のための
1年生が絶対こっちを向く指導！

俵原正仁
Masahito Tawarahara
原坂一郎
Ichiro Harasaka
著

学陽書房

まえがき

　昔，若かりし頃，有田和正先生の１年生の授業を見たことがあります。５月の研究発表会です。
　授業自体は楽しいものでしたが，一人のお子さんは，授業中ほぼ席に着いていませんでした。百人以上の参観者がいるのにもかかわらず，うろうろしているのです。
　授業の後の検討会では，当然その子のことが話題に上りました。
「有田先生は，どうして席を離れた子に対してしっかりと注意をされなかったのですか？」
　この質問に対する有田先生の答えは明快でした。
「今はあれでいいんですよ。また，次の研究会に来てください。その時には，きちんと席に座って勉強していますから」
　さすが有田先生です。にっこりと笑顔で答えたのです。自分の指導に自信があるからこそ，このような言葉が言えるのです。私も有田先生のような教師になりたいと心の底から思った瞬間でした。
　さて，時は流れ，「小１プロブレム」という言葉が市民権を得るぐらい，うろうろするお子さんも増えてきました（笑）。
　実際，１年生の子どもたちをどう指導していいのか困っている先生方も多いと思います。
　当たり前のことですが，みんながみんな有田先生ではないのです。

そこで，本書の出番です。
　まったくもって自画自賛なのですが，この本を読めば，１年生の子どもたちがちょっと困った行動をしても，有田先生のように笑顔で受け止めることができる教師になれるはずです。
　何といっても，私とウルトラタッグを組んだのは，スーパー保育士と呼ばれ，現在は「KANSAIこども研究所」の所長でもある子どもコンサルタントの原坂一郎氏。
　原坂さんには，保育士の立場から１年生の指導を語っていただきました。そして，私は小学校教師という立場で……。
　面白いことが大好きで，そして何より子どもが大好きだという二人がタッグを組んだのです。
　ちょっと他の本にはない仕上がりになっています。
　１年生担任の教師が行うべきポジティブな対応が満載です。ちょっと意識を変えることで，教師は笑顔で子どもたちに向き合うことができるはずです。そして，その結果，子どもたちも笑顔になります。
　教師も子どもたちもともに笑顔で，教室に幸せの虹をかけましょう。

俵原　正仁

　Ｐ．Ｓ．　ちなみに１年生の担任でなくても，本書の内容は，100％役に立ちます。学年や年齢にかかわらず，人がしてほしいことは皆同じだからです。

CONTENTS

まえがき …………………………………………… 2

第1章 困った1年生に絶対効く指導のポイント！

1年生が泣くも笑うも担任の言葉次第 ……10

授業が始まっても1年生が静かにならない時は？ ……12

授業中，立ち歩きをしてしまう1年生には？ ……14

1年生の授業で，発言の収拾がつかなくなった時は？ ……16

わがままで収拾がつかない時には？ ……18

素直に順番を守れない時には？ ……20

列がぐちゃぐちゃになってしまう時には？ ……22

何かを見せようとした時前へ前へと出てきてしまう！ ……24

他の子とぜんぜん違う動きをしてしまう1年生には？ ……26

泣き止まないときにはどうしたらいい？ ……28

「こんな状態ならやらせない！」と思わず言いたくなったら？ ……30

男子を制する者は1年生を制す！ ……32

COLUMN 1
認めるだけでうまくいく!? ……34

第2章 安心して，学校を大好きになってもらう指導のコツ！

4月の工夫で1年生の問題行動が防げる！……38

入学式までのMUST BE
〜引継ぎで気をつけること〜……40

入学式までのMUST BE 2
〜子どもの名前を覚える〜……42

入学式の日のMUST BE
〜子どもの名前を呼ぶ〜……44

1日の計は朝にあり
〜1年担任が朝にするべきこと〜……46

一日目から授業をしよう……48

学校探検のポイントは……50

6年生は，ぼくらの「師匠」！
〜子どもをプロデュース〜……52

1年生の隙間の時間には，絵本の読み聞かせ……54

1年生に手紙の折り方・たたみ方を教えるには……56

スタートダッシュは，第一印象から……58

「保護者のみなさん」と仲よくなる方法……60

保護者とつながる「連絡帳」の活用の仕方‥‥‥62

保護者からのクレームをヒートアップさせない方法‥‥‥64

保護者からのクレームをヒートアップさせない方法2‥‥‥66

COLUMN 2
1年生の指導のポイント‥‥‥68

第3章　学校のしつけがみるみるうまくいく指導のコツ！

「しつけ」＝「叱ること」ではありません‥‥‥72

1年生を元気よく挨拶ができるようにするには？‥‥‥74

1年生に「はい！」とはっきり返事をさせるには？‥‥‥76

1年生ののんびりした「は〜い」をやめさせるには？‥‥‥78

1年生にウソをつかないようにさせるには？‥‥‥80

自分から「ごめんなさい」を言える子にするには？‥‥‥82

何度注意しても危ないことをしてしまう1年生には？‥‥‥84

給食を食べ終わらない1年生がいたら？‥‥‥86

途中で投げ出してしまう子がいたら？‥‥‥88

ゴミをポイ捨てしない子にするには？‥‥‥90

望ましい行動を定着させる言葉がけ‥‥‥92

ここが指導の押さえどころ。学校のしつけのコツ‥‥‥94

第4章 学校と友だちを好きになる楽しいゲームと学習アイデア

笑顔が止まらない。躍る心止まらない。‥‥‥98

手と手を合わせて，つながろう！
～ハイタッチ＆すかしタッチ～‥‥‥100

声を出そう……そして……声を出すな
～全力じゃんけん＆ミュートじゃんけん～‥‥‥102

運命の人見つけた！
～絵合わせゲーム＆漢字合わせゲーム～‥‥‥104

朝のあいさつで音読指導
～おはよう3連チャン＆ドラえもんチェック～‥‥‥106

白黒はっきりみんなスッキリ
～「漢字さがし」にひと工夫～‥‥‥108

COLUMN 4
子どもたちが笑顔になる方法‥‥‥110

カリスマ教師 vs スーパー保育士対談！
1年生対応の重要ポイントはここだ！……………112

おわりに……………………………………………118

第 1 章

困った 1 年生に絶対効く指導のポイント！

第1章 困った1年生に絶対効く指導のポイント！

1年生が泣くも笑うも担任の言葉次第

担任は、元ジャニーズ⁉

「あの話って、ウソやったん！　私、親戚中に自慢したのに」

　ある朝、教室に行くと、いきなり子どもに叱られたことがありました。えっ？　一瞬とまどったものの、彼女が怒ったのも無理はありません。すべては、私の言葉が原因でした。

　自分としては、あの話を、6年生が、まさか本気で信じているとは思っていなかったのです。まぁ、「ウソ」というのはわかっているだろうと甘く見ていたのです。ちなみに、あの話とは、次のような話です。

「あのお笑い芸人、元ジャニーズって知ってる？」
「えっ、ほんまに。なんで知ってるの」
「知ってるも何も、先生、同期やったし……」

　もちろん、ほとんどの子はこれをジョークと受け取っていました。
　でもね、クラスの中には純粋な子がいたんですよね。

「ごめん。まさか、本気で信じているとは思わんかったから……」

　ひたすら謝りまくり。この様子を見ている周りの子たちは大爆笑でしたので、幸いそれ以上話がこじれることなく笑い話で済んだのですが、一歩間違えば、この子との関係は切れてしまうところでした。

担任は永遠の17歳⁉

　6年生でもそうですから，1年生なんかは，それこそ言葉どおり受け取ります。
　「先生は，17歳です」と言えば，それがたとえ20年連続20回目の17歳だとしても，1年生の子どもは，担任を本気で17歳だと信じてしまいます。
　まぁ，この程度の話なら，保護者の間で，ほほえましい話題になるぐらいですからいいのですが，1年生の子どもへの指導の際の言葉がけについても，無頓着だと困ります。**1年生の担任なら，より今まで以上に言葉に敏感にならなければいけないのです。**
　高学年と同じようにはいきません。「これくらいはわかってくれるだろう」という教師の思い込みは通用しないのです。
　ところが，無意識な教師ほど，自分の言葉がけが悪いのにもかかわらず，子どもたちが思うように動かないのは，（無意識であるがゆえに）子どもたちが悪いと考えてしまいます。そして，自分を省みることなく，また子どもたちに対して同じ過ちを繰り返してしまう……というマイナスのスパイラルに陥ってしまいます。
　本章では，1年生が困った行動をした時に有効な言葉がけについて述べていきます。**ポジティブな言葉満載です。**

第1章 困った1年生に絶対効く指導のポイント！

授業が始まっても1年生が静かにならない時は？

その指導ちょっと待って！

目には目を歯には歯を……大きな声には、さらに大きな声で注意する。そうしたら、子どもの声もどんどんうるさくなって……。

大きいことはいいことだ……ではありません!!

興奮して大きな声を出そうとすると、どうしてもキンキンした高い声になってしまいます。特に若い女の先生の場合、その声が子どもの高い声と同化してしまい、ますます教師の声は子どもたちに届きにくくなるものです。だから、注意する時は低めの声で……というような教師の話術のテクニックもあるのですが、1年生相手の場合、もっと簡単にできて、しかも効果的な方法があります。続きは、次ページで（笑）。

「静かにしてください」と何度注意しても，なかなか静かにならない時があります。いや，静かになるどころか，ますます子どもたちの声は大きくなっていく。どうすれば？

これならうまくいく！

してほしい行動がある時は，それをストレートに言うと，効果があります。それ以外の言葉は子どもにはすべて単なる文句に聞こえます。

余計なことは言わず「すべきこと」だけを言おう！

「お静かに」「静かにしろ！」「静かにできるかな？」……，やさしく言っても強く言っても効果がないのは，それらの言葉は，すべて単にこちら側の希望する状況を言ったにすぎないからです。「いつまで……」「何度言ったら……」式の言い方はさらに悪く，子どもには文句としてしか届きません。一方，「今すべきこと」を伝えると，子どもはそのとおりにしようとします。「静かに……」「いつまで……」では，しゃべり続けていた子どもも，「いま，しゃべりません」と言われると，しゃべるのをやめます。

第1章　困った1年生に絶対効く指導のポイント！

授業中，立ち歩きをしてしまう1年生には？

その指導ちょっと待って！

ちゃんと席に着いてお勉強をしている他の子の手前，毅然とした態度で指導していたら，あらら，クラスの雰囲気が暗くなって……。

45分間じっとしているなんて1年生には無理！

　長い時間，じっと座ってお勉強するなんてことは，1年生の子どもにとっては，ほんの数か月前までならあり得ない状況です。それなのに，**そんな子どもたちに45分間立ち歩かないことを要求するなんて，そうとう無理させていますよね。少しずつゆっくりと指導していけばいいんです。**それに，興味を引くものがあれば，近くに行ってみたいという気持ちって，やる気に満ちあふれていて素敵じゃないですか。この気持ちは大切に育てていきたいですよね。

何に対しても興味マックスな子が、授業中でも何か気になることがあると席を離れて立ち歩きしてしまいます。何にでも興味があるのはいいことなのですが……。

これならうまくいく！

子どもが望ましくない行動をとった時、大人はつい怒り口調になります。しかし「普通の言い方」で言う方が、そのとおりのことをします。

"普通の言い方"で"繰り返し"伝える！

つい注意したくなる子どもの行動の一つひとつを、「子ども裁判所」なるもので裁くと、きっとこんな判決が出ると思います。「無罪！」。裁判長は言います。「あれは《故意》ではなく《過失》である。人生経験が浅く、無知で経験不足。それゆえ、大人のようにちゃんと行動できないのである」。「そうしてしまった事情も、その子どもなりにきっとある」。「《過失》なので、**怒って正すのではなく、ごく普通の言い方で、何度でも教えてやるのがよい**」と。裁判長の言うとおりかもしれませんね。

第1章　困った1年生に絶対効く指導のポイント！

1年生の授業で，発言の収拾がつかなくなった時は？

その指導ちょっと待って！ 1年生にちょっと質問をしただけなのに，それぞれが思い思いに話し出すなんて。おしゃべりを止めようとしても，なかなか止まらず……。

騒がしくなるように仕向けたのはあなたです

「お休みは何をしていたの？」教師に質問をされたのだから，子どもたちは当然答えます。しかも1年生の場合，35人いれば35人が答えようとします。自分の思いを伝えようと長々と……。騒がしくなるのは当然です。**騒がしくなったのは，子どものせいではありません。教師自身が仕向けたことなのです。**それなのに，騒がしくなった結果，それを収めようとして，結局怒鳴る。子どもにとっては本当にいい迷惑です。

今日は，みんな静かに話を聞いていてえらいなぁと感心していたら，何が原因か一気にその場が騒がしくなってしまいました。どうして，騒がしくなってしまったのでしょうか？

聞き取れた言葉を，オウム返しのように言ってみましょう。子どもは先生に届いたことがうれしく，その後の指示にも素直に従いますよ！

何でも先生に伝えたいのが1年生

　バスで行った遠足の帰り道，ガイドさんが「みんな，何を見てきたのかな？」などと尋ねたとたん，子どもたちが口々に答え，急に騒がしくなった経験はないですか？　子どもたちは聞かれたから答えただけなのに，そこで「みんな，一緒に言ったらわからないよ」などと文句を言われたり，たしなめられたりしたのでは，子どもたちは立つ瀬がありません。**何かを質問して騒がしくなった時は，聞き取れた言葉だけを復唱し，改めて発言ルールなどを伝えると，再び静かになります。**

第1章　困った1年生に絶対効く指導のポイント！

わがままで収拾がつかない時には？

その指導ちょっと待って！ 赤でも青でもどちらでもいいでしょ。何でも子どもたちの言うことを聞いていたら、きりがないから、ビシッとしめようとしたら、みんな不満そう……。

急がば回れ。小さな希望は聞いてあげよう

「スコップは穴を掘って土をすくうことができればいい。赤だとか青だとかそんな小さいことにこだわる必要などない」というのは大人の考えです。でも、ちょっと待ってください。**その「小さいこと」が気になるのが1年生です。希望の色を言ったのに、違う色を渡されたら、それこそテンションが下がります。**それに、「小さいこと」と言いながら、「聞いている時間がないから、わがまま言わないで」と一番こだわっているのは、あなた自身です。急がば回れ。そのくらいの希望は聞いてあげましょう。

生活科で朝顔の種まきをする日。「ぼくは赤色がいい」「私は青」と，赤色のスコップと青色のスコップをめぐって，教室は騒然とした状態に。子どもの期待に全部は応えられない。こんな時はどうすれば？

これならうまくいく！ 子どもの小さな希望は拒むのではなく，可能な範囲でかなえてあげましょう。子どもは満足感を味わい，心が落ち着いていきます。

子どもは希望がかなうと行動が落ち着く！

やってみるとわかりますが，子どもは自分の希望がかなうと，笑顔になります。心が落ち着きます。心が落ち着くと，行動が落ち着きます。たかがスコップでも，希望どおりのものをもらった時と，希望を言っただけでたしなめられ，希望外のものを渡された時では，そのあとの子どもたちの動き方は全然違うものになっていきます。**もしも希望の色がなくなった時は，何も文句を言わず，残った色から選ぼうとします。**低学年の子どもって本当に素直ですね。

第1章 困った1年生に絶対効く指導のポイント！

素直に順番を守れない時には？

その指導ちょっと待って！

一番になりたいからといって、小さなトラブルは困ります。「迷惑をかける子は一番後ろに並び直し！」と言っても、みんな聞かなくて……。

マイナスイメージを植えつけない

　子どもたちの一番最初に並びたい気持ちは理解できるものの、いざ目の前でトラブルが発生すれば、教師も心穏やかに対応できるものではありません。でも、罰として後ろに行かされた子どもの中には、一番前に行けなかった悔しさとともに、後ろに並ぶことのマイナスイメージが広がっているはずです。そして、次に並ぶ時には、今度こそは一番に並ぼうと必死になります。そして、またトラブル発生。クラスの雰囲気もとげとげしいものになっていきます。

背の順番で並ぶ時は、しっかりと並ぶことができるのに、そうでない時は、先を争う子が多くて、いつも先頭の方はわちゃわちゃ状態。危ないからやめてほしいのですが……。

これならうまくいく！ 後ろに並んだ子をほめましょう！ 順番を守る、後ろに並ぶ、が評価されるクラスは、いつも整然と並べるクラスになっていきます。

「後ろに並ぶのも悪くない」と思わせる

子どもたちは（大人も！）、過去の経験で、並んだ時はいつも前ほどいいことが起こり、後ろほど損をすることを知っています。それでつい、並ぶ時は前方がごった返すのです。そんな中、きちんと後ろの方に並んでいる子どもは、いじらしいですよね。そんな彼らをそのつどほめたり、配る時に後方になるほどいいものが当たるようにしたりして、「後ろに並ぶのも悪くない」という価値観に変えていくと……、あら不思議、子どもたちは先を争って並ぶことが減り、整然と並べるようになってきましたよ。

第1章　困った1年生に絶対効く指導のポイント！

列がぐちゃぐちゃに
なってしまう時には？

教師が前で「前へならえ」のジェスチャーをして，そこに並ばせています。1列には並べるようになったので，2列もできるはずなんですが。あれ，あれ……？

近くの人とはしゃべりたくなりますよね

　大人でも仲のいい人と隣になったら，おしゃべりしたくなりますよね。ましてや1年生。隣にお友だちが来ただけでワクワクしてしまうのも無理ありません。前へならえのジェスチャーは高学年ではよくするのですが，**1年生の初期の段階では，隣の子と肩がくっつくほどの近距離で並ばせることは，「隣の子とおしゃべりしてもいいよ」とけしかけているようなもの**です。これで，子どもたちに「しゃべるな」というのは無理な話です。

「はい，背の順で2列に並びましょう」せっかく並んでも隣の子とおしゃべりが始まり，すぐに列もぐちゃぐちゃに。いつも，この混乱を収めることに大忙しになってしまいます。

列同士をくっつけず，やや広めに間を開けるだけで，あら不思議，子どもたちのおしゃべりがウソのように減っていきますよ！

少し離れている人とはしゃべらない

　運動会で，一番大変な種目は，なんたって保護者競技ですよね。ぺちゃくちゃしゃべってばかりで，ルール説明なんか誰も聞いていません。それには理由があります。人は，仲のいい人の顔がすぐそばにあると，しゃべるようになっているからです。授業参観で保護者同士がしゃべるのもそのためです。しかし1mほど離れるともうしゃべりません。子どもを並ばせる際も，列同士を少し離れて並ばせると，その間隔に比例して，おしゃべりも随分減っていきます。

第1章 困った1年生に絶対効く指導のポイント！

何かを見せようとした時
前へ前へと出てきてしまう！

その指導ちょっと待って！

近くで見たい気持ちはわかるけど，友だちを押しのけてまで前に来ることは，やはりいけません。しっかりと注意したつもりが，うまくいかず……。

子どもを動かそうとするとかえって混乱します

　クラスの子どもたち全員が見ることができるように，とかく教師は，「後ろに下がりなさい」だとか「もっと横へ」など，**子どもを動かして何とかしようとしてしまいます。でも，そのことがかえってトラブルの要因になることが多いのです。**言葉一つで，軽い興奮状態の子どもたち全員に同じ動きをさせることは不可能に近いからです。結局，押し合いへし合いのラッシュ状態になり，混乱は増すばかりです。

図や写真など見せる時，小さなトラブルがよく起こります。最前列は，「ここはヘビメタのライブ会場か」と思うくらい押し合いへし合いになっています。前に来すぎるとかえって見にくいのに……。

これならうまくいく！

子どもは近くで見たいもの。それを見越して，子どもたちが集まってから，先生の方が一歩下がれば，ちょうどいい位置取りになります！

一歩下がる！

子どもを動かさず，自分が動こう

大人でもコンサートや芝居は前の方で見たいものです。前に行きたがる子どものその気持ち，わかりますよね。でももう一つ，子どもは1歳児で0.3〜0.4，3歳児でも0.8前後と**視力が弱く，近くに行かないとよく見えない，**ということも原因のようです。1年生でやっと1.0を超えるくらいです。子どもが前方に群がった時は，子どもをそのままにし，先生が後ろに一歩下がるだけで，子どもたちの今いる場所がすべてS席になり，トラブルもうんと減りますよ。

第1章　困った1年生に絶対効く指導のポイント！

他の子とぜんぜん違う動きをしてしまう1年生には？

その指導ちょっと待って！

「どうして言われたとおりにできないの！」。話を聞いていなかった子が悪いんだからと，具体的にびしっと注意したのですが，また同じことを繰り返す……。

 一度言っただけでは伝わりません

　教師は一度言っただけで自分の伝えたいことがすべて子どもたちに伝わっていると思いがちです。そして，そう思っている教師ほど指示が不明確です。「こそあど言葉」を使っていたり，「一時に一事」という指示の原則からかけ離れていたりしています。逆を向いている子どもたちにしても，話を聞いていなかったからではなく，指示が悪かったからできなかっただけなのかもしれません。それなのに，いきなり怒られてもどうしていいかわかりません。その子にとっては，悪いことをしている自覚がないのですから。

運動会のダンスで丸く輪になるように並ばせたところ，反対方向を向いている子どもたちが何人かいます。私は，きちんと指示したつもりなのに。

これならうまくいく！

それをすることによって発生する，子どものデメリットを伝えましょう。子どもは自分でその行動を改めようとします。

自分の損に繋がることを知ると行動は改まる

　小さな子ども（特に男児）は，おもちゃ同士をよくぶつけ合って遊びますよね。そんな時も，「壊れるでしょ！」「やめなさい」と，いくら叱ってもやめないことが多いものです。でも**「壊れて，もうそれで遊べなくなっちゃうよ」と言えば，やめます。**子どもは，その行為をすることで自分に発生する**具体的なデメリットを知ると，やめるどころか，してもいいよと言ってもしなくなることが多いのです。**そこになんらかのユーモアを添えながら言うと，ますます効果がありますよ。

第1章　困った1年生に絶対効く指導のポイント！

泣き止まないときにはどうしたらいい？

その指導ちょっと待って！

泣いていた理由を聞かないと対処できません。そのためには，まず泣き止ませることを最優先。だけど，ますます泣き方がひどくなるばかり……。

泣き止ませることよりもやることがあります

　最初のうちは心穏やかに優しく理由を聞いていても，いつまでも泣き止まない子に対して，そのうち教師はイライラしてしまうことがあります。そんな時は要注意。イヤミたらしく「みんなに笑われますよ」と言ったり，「泣いていたら先生に話せないでしょ」と冷たく突き放したりしてしまいます。**子どもにとっては，慰められているどころか叱られているような気持ちになり，悲しい気持ちが加速するのです。**理由なんて話せるはずがありません。

教室に行ってみるとクラスの子が泣いています。「どうしたの？」と聞いてみても，理由を話してくれるどころか，ますます泣き声が大きくなる始末。途方に暮れてしまいました。

これならうまくいく！

まず，ハグとやさしい言葉を！　子どもの心をほぐすのは，厳しさではなくやさしさ，温かさです。子どもだけでなく，大人もそうですよね。

子どもが安心する魔法の言葉「もう大丈夫！」

　保育所に勤めてわかったことですが，子どもは3歳を過ぎると滅多に泣かないものなのです。ただし，そこに「痛み・恐怖感・不安感・ショックな言動」のどれかがあった時だけは泣きます。泣いている子どもを発見した場合は，そこに共感してやるだけで，随分落ち着きます。左のNG例では，先生は励ましているつもりでも，子どもは拒絶されたように感じます。原因が何であれ，心にダメージを負った子どもに一番効果があるのは，ハグと「もう大丈夫！」の言葉です。

第1章　困った1年生に絶対効く指導のポイント！

「こんな状態ならやらせない！」と思わず言いたくなったら？

その指導ちょっと待って！

「自分たちがきちんとしていないんだったら、お楽しみ会はさせない！」そう言ったら、子どもたちがすごく沈んでしまい……。

条件とひきかえでは楽しくないですからね

「〜しないと〜しません」という言い方は、言い換えれば「私の言うことを聞かないと罰を与えるよ」ということと同じです。このような言われ方をされて気分のいい人はいないと思います。**罰がイヤでとりあえず子どもたちは言うことを聞くかもしれませんが、子どもたちの心は確実に先生から離れていきます。**しかも、その条件がなくなったら、また望ましくない方向に流れていってしまうことでしょう。どちらにしても、この言い方は「百害あって一利なし」です。

みんなが楽しみにしていたお楽しみ会。でも，子どもたちのテンションが上がりすぎて暴走気味の子も……。こんな時にはどんな言葉がけをするのがいいのでしょうか？

これならうまくいく！

「○○したら（した人は）△△できるよ～」と，逆の言い方をするだけで，あら不思議，子どもたちはそのとおりのことをしようとします！

"脅し"は便利なれど，心は離れる

「○○しないと（しない人は），～させません」という言い方は一種の脅しです。が，即効性があり，便利な言い方です。それ以外の方法では子どもを動かせない，指導力のない先生はよく使います。しかし子どもの心は，その度に10センチずつ離れ，もっと言うことを聞けなくなっていきます。しかし「静かにしない子にはあげない」ではなく，**「静かにしている子にあげる」**などと，言い方を逆にするだけで，喜んでそうするようになるだけでなく**「目標ゲットのために努力する子ども」**になっていきます。

第1章　困った1年生に絶対効く指導のポイント！

男子を制する者は
1年生を制す！

その指導ちょっと待って！

大きなトラブルだけではなく，男子のすることは小さなことでもスルーできないことが多すぎます。必然的に，一つひとつ指導してたら，もう大変で……。

男の子にはこだわりの美学があるのです

「男子のすることがスルーできない」このように感じるのは，女性教師が多いようです。私は，男性ですので，ダンゴムシのかっこよさも枝を振り回す楽しさも水たまりに飛び込む爽快感も共感できます。ただし，1年生の場合，トラブルの中心に男子がいることが多いということも，事実です。高学年の場合，「女子を制する者が……」とよく言われるのですが，1年生の場合は，まったく逆になります。**男子を制する者が，1年生を制するのです。**

授業中，席に座らず立ち歩いて，授業のじゃまをする。運動場で拾ってきた枝を振り回して，友だちにけがをさせる。うちのクラスのトラブルはいつも男子。どうして男子ばかりが……。

これならうまくいく！

「それが男の子」「これが男の子」と悟りを開いた気持ちで，そのありのままを認めながら，その一つひとつを注意していきましょう。

「男の子はこんなもの」と諦めよう（笑）

拙本『日本一わかりやすい男の子の育て方の本』（PHP研究所）の中国版タイトルは「男の子は火星人」。対象は1歳の男の子から60歳の男の子です（笑）。母親にとって男の子は手がかかるというのは，全世界共通の悩みのようです。中高年女性に「あなたのストレスの元は？」と聞くと，一番に来るのが「夫」だそうです。ついでに彼らとうまくいく一番の方法は「諦めること」だそうです。「危険・汚い・奇妙」の３Ｋをするのが男の子，そう思うだけで随分ラク～になりますよ。

COLUMN 1

認めるだけでうまくいく⁉

◆これで当たり前⁉

「小１プロブレム」……，初めてこの言葉を聞いた時，いったい何が問題なのだろうと思いました。でも，その中身を知って「な～んだ」と思ってしまいました。じっと座っていられない？　すぐにウロウロする？　突然怒り出す……？　保育所ではそのようなことは毎日起こっています。もっとすごいですよ。食事中にうんちをする，女の子が立ちションをする，話はぜ～んぜん聞いていない，とにかく待てない……。でも，小さいから当たり前ですよね。私たち保育士は，子どもがどんな姿を見せようと，毎日どんな大変なことが起ころうと，「これで当たり前」と思うのが癖になっていて，少々のことでは驚かなくなっています。だから小１プロブレムの内容を知っても「な～んだ」と思ってしまったのです。

◆ありのままを認める

「《これで当たり前》と思う」……。この考え方は，もしかしたら小１プロブレムで悩む先生方にもお役に立つかもしれません。目の前の子どもの姿を「とんでもないこと」と思わず，「これで当たり前」と思う……，それができたなら少なくともストレスにはなりません。

保育所ならともかく，１年生にもなってそれでは困る，とおっしゃるのもごもっともですが，目の前の現実は認めざるを得ないじゃあないですか。認めるといっても，「してもいいよ」というのではありません。たとえばそんな時，保育所ではどうしているかといえば，食事中にうんちをされても，まずは「仕方がない」と思い，当たり前のようにその子どものパンツを替え，フロアにもついていたら，拭き取り消毒をする。その時自分が食事中でもです。そして子どもには，「うんちはトイレでね」「トイレは食事前に行ってね」と指導をする。その繰り返しで改まっていくことを保育士は知っています。少々のことでは大騒ぎせず，何事でもないように振る舞い，その上で何らかの対処をする。本章では，その対処法の一例をいくつかご紹介しました。保育所で，うまくいった方法です。ご参考になれば幸いです。

◆一億総幼稚化!?

　私たち日本人は総じて年々，よく言えば若く，悪く言えば幼くなっています。今の30代は，風貌も行動も考え方も昔の20代のそれです。私を含め今の50代のはしゃぎ方は，若々しいのではなく幼いのだと思います。１年生も年々幼くなり，昔の４歳児くらいになった……，そう思うと心がラクになるかもしれませんよ。

第2章

安心して，学校を大好きになってもらう指導のコツ！

第2章 安心して，学校を大好きになってもらう指導のコツ！

4月の工夫で1年生の問題行動が防げる！

1年生は，ドキドキです

「最も強い者が生き残るのではなく，最も賢い者が生き延びるのでもない。唯一生き残るのは，変化できる者である」

　これは，かの有名なチャールズ・ダーウィンの進化論の言葉です。

　小学校入学というものは，子どもたちにとって，それこそ大変大きな環境の変化です。

　保育所や幼稚園とは大きく違います。

　初めて見るものがたくさんあります。

　初めてすることもたくさんあります。

　でも，小さい子どもほど環境の変化を嫌います。実際，子どもたちの中には，簡単に環境の変化に対応できない子もいます。そのような子にとっては，これから始まる小学校生活は，不安がいっぱい，ドキドキ感で胸の中がいっぱいになっているはずです。ドキドキしすぎて新しい環境に適応するどころではありません。プロの教師なら，まず，これらの子どもたちの気持ちに気づかなければいけないのです。

　まず最初に，子どもたちのドキドキ感を何とかしてあげる。

　これが，1年生のクラス担任の最初の大きな仕事です。**4月の担任のちょっとした行動の違いで，1年生がスムーズに学校に慣れるかどうか，問題行動の多いクラスになるかどうかが決まってしまうのです。**

安心できたらワクワクできます

 だから，新しい環境の変化に適応させることよりも子どもたちのドキドキ感をなくすことを優先させましょう。
 ところが，1年生の担任は，ことさら違いを強調したがります。
 でも，それではダメなのです。具体的なことは，本章を見ていただければわかりますが，まずは，小学校も保育所や幼稚園といっしょだよ……というところからアピールしていきます。これで，子どもたちも安心します。そして，子どもたちのドキドキが少し治まったら，次に，教師は子どもたちのドキドキがワクワクに変わるような夢が広がる言葉がけを行うのです。この順番をまちがえてはいけません。**特に，最初の3日間，いや1週間は子どもたちが不安がるようなこと，ダメ出しなども我慢してください。ダメ出しは後からいくらでもできます。**
 本章では，1年生が安心して小学校生活を始めることができるための準備と指導方法を紹介していきます。
 ちなみに，保護者のみなさんもドキドキなんです。親が安心すると子どもも落ち着きます。そこで，保護者のみなさんとのおつき合いの仕方についても少し述べさせてもらいました。
 えっ，担任自身もドキドキですか？　そのドキドキは，本書を読めば，少しは治まると思いますよ（笑）。

第2章 安心して,学校を大好きになってもらう指導のコツ!

入学式までの MUST BE
～引継ぎで気をつけること～

その対応ちょっと待って!

幼稚園・保育所ごとに,子どもたちを見るポイントは違うようなので,とにかく先生,保育士さんの話を聞くだけにしたら,いい話しかでてこないのだけど……。

受け身ばかりではいけません

　幼稚園・保育所ごとに,子どもたちを見るポイントは違います。だから,A幼稚園で気になる行動として上がってきたAくんの行動がB保育所ではBくんが同じことをしていても気になる行動として上がってこない場合があります。当然,Bくんの話は引継ぎでは出てきませんので,小学校側では,Bくんについてはノーマークの存在として認識されるのです。つまり,**小学校側が聞きたいことをしっかりと持って,引継ぎに行かないといけない**ということです。そのポイントは……。

入学式までにしておかなければいけないことの一つに，幼稚園・保育所での子どもたちの様子の引継ぎがあります。この時，どのようなことに気をつければいいのでしょうか。

（園は）学校にありのままを正直に言ってもいいんだという雰囲気を作ると，学校側が知りたい情報を何でも教えてくれます！

話してくれる園の先生に"安心感"を与えよう

　園側として正直に言うと，入学前の，学校の先生とのあの「懇談会」，実は緊張しまくりです。名目は単なる「情報共有」「連携」かもしれませんが，こちらとしては「探り」「調査」にしか思えず，ついいいカッコしようとします。結果，正直に話すと学校や子どもに迷惑をかけそう，と思うものは過小に話す傾向があります。学校の先生の方から「ありのままを話してもらう方が助かる」というニュアンスで言うと，安心して「本当のこと」を話してくれますよ。キーワードは子どもと同じく《安心感》です。

第2章 安心して，学校を大好きになってもらう指導のコツ！

入学式までの MUST BE 2
～子どもの名前を覚える～

その準備ちょっと待って！ 入学式当日は段取りよく進めるよう，とにかく初日のシナリオをしっかりと作って当日に臨みますが，あれ？ 何か忘れているような気が……。

 ダメなわけではないけれどもっと大切なことが

「入学式初日のシナリオを作る」……このことは決して悪いことではありません。実際，私も，初日分だけでなく黄金の3日間と言われる期間ぐらいは，簡単なシナリオを毎年作っていました。……ということで，**シナリオ作りも，入学式までの MUST BE には違いないのですが，もっと重要視していることが一つあります**。特に，1年生の場合は，外してはいけない最重要事項。それは……。

幼稚園・保育所での引継ぎも無事に終わり，後はいよいよ入学式を待つばかり。教室環境を整えたり，学級通信を作ったりするなどやることはいっぱいあるけれど，本当に MUST BE なのは何？

これならうまくいく！

まず，自分のクラスの子の名前に間違いがないか確認。次に，実際に声を出して名前を呼んでみます。後は，完璧に覚えて，入学式に臨みます。

まず，子どもの名前を覚えましょう

　たとえ，きっちりとしたシナリオを作っていなくても，なんとかなるものです。……というのも，ベテランの先生の多くはきっちりとしたシナリオなど作っていないからです（笑）。それよりも，子どもたちの名前の方が大切です。**一生に一度の晴れ舞台，子どもたちが間違った名前を呼ばれることがないように，名前のチェックは念には念を入れてください。**そして，間違いがないと確認できたら，声に出してみましょう。実際に声に出すことで，最終チェックを行うのです。

第2章　安心して，学校を大好きになってもらう指導のコツ！

入学式の日の MUST BE
～子どもの名前を呼ぶ～

その対応ちょっと待って！

教室掲示の名簿や机に貼っている名前も間違いなし。新入生も保護者も混乱なく教室に移動できました。でもなぜかみんなの表情が固いみたい……。

子どもたちとつながる意識を持ちましょう

「名前に関するミスがない」とりあえず最低限のハードルはクリアできたようです。めでたし，めでたしです。ただし，そこで満足してしまってはいけません。もっと教師の方から子どもたちとつながる努力をしてほしいと思います。何も難しいことではありません。**笑顔で，子どもたちの名前を呼びかけるのです。できれば名簿など見ずに。**昨日，一生懸命，子どもたちの名前を覚えたはずですよね。

いよいよ入学式当日。子どもの名前の確認は完璧。後は，シナリオに沿って進めていけばいいのでしょうか？　入学式の日に，特に意識しなければいけないことって何？

式の中だけでなく，教室に帰ってきてからもたくさん名前を呼んであげましょう。呼んだ名前の回数だけ，その子と教師の距離は縮まります。

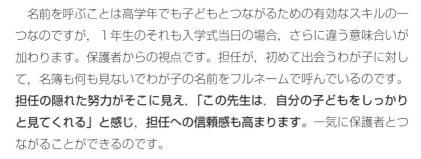

入学式の日こそ名前を呼んで子どもとつながる

　名前を呼ぶことは高学年でも子どもとつながるための有効なスキルの一つなのですが，1年生のそれも入学式当日の場合，さらに違う意味合いが加わります。保護者からの視点です。担任が，初めて出会うわが子に対して，名簿も何も見ないでわが子の名前をフルネームで呼んでいるのです。**担任の隠れた努力がそこに見え，「この先生は，自分の子どもをしっかりと見てくれる」と感じ，担任への信頼感も高まります。**一気に保護者とつながることができるのです。

第2章　安心して，学校を大好きになってもらう指導のコツ！

1日の計は朝にあり
～1年担任が朝にするべきこと～

その準備ちょっと待って！

何よりも「授業で勝負」だから，授業の準備をしなくちゃいけない，と職員室でがんばっていたら，あれれ，教室ではトラブル発生……。

「直前までバタバタ」はいけません

　確かに，教師は「授業で勝負」しなければいけません。でも，その準備を朝にするのは考えものです。朝にはそれよりももっとやるべきことがあるのです。錦織圭は試合が始まってから，ラケットのガットを張り替えたりしないですよね。**授業の準備などは，本来，前日にすべきことなのです。**しかも，1年生の場合，誰もいない教室にひとりぼっちになってしまったら，そりゃさみしくて悲しくて泣きますよ。教師の段取りの悪さでかわいい1年生を泣かしてはいけません。

「1年の計は元旦にあり」というように何事も最初が肝心。……ということは,「1日の計は朝にあり」ですよね。その日の授業の用意や学級通信の印刷など朝は大忙し。

これならうまくいく!

授業の準備は,前日に行い,朝は,教室で子どもたちを迎えます。もちろん,とびっきりの笑顔で,元気のいいあいさつとともに……。

朝は笑顔で子どもをむかえましょう

何もかも初めての環境の中に一人ぽつんと放り出される……大人でも不安になりますよね。だから,1年生が一人っきりの状態にならないように,教師は朝一番に教室に行くのです。**教室に行けば,大好きな担任の先生が笑顔で迎えてくれる……1年生にとって,こんなにうれしいことはありません。**毎日,学校に行くのが楽しみになるはずです。また,朝のさわやかな空気を入れ換えるための換気や教室のチェックなども,朝一番に行っておきたいことの一つです。

第2章 安心して，学校を大好きになってもらう指導のコツ！

一日目から授業をしよう

何事も最初が肝心です。勉強に入る前に，小学校のルールや学習規律などわかっていないと，後で困るのはこの子たち。しっかり教えます。でも子どもたちの表情は退屈そう……。

 子どもたちのやる気をうけとめよう

「勉強がしたくてしたくて仕方がない」こんな感情を多くの子が持っているのは，入学式直後の１年生のみです。その後，成長とともに，順調にやる気は下がっていき，現在の私たちの状態につながっていくのですが(笑)，だからこそ，このやる気は大切にしてあげたいものです。ルールや学習規律を教えないといけない……この気持ちはわかります。そして，しっかり教えようとする気持ちは正解です。でも，だからといって，**子どもたちの「勉強したい」という気持ちを無視していいということではありません。**

1年生の子どもたちはやる気満々。「早くひらがなを教えて」「宿題はいつ出るの？」こんな声があちこちから聞こえます。でも，その前に学校でのルールや学習規律などやることが……。

これならうまくいく！

「じゃあ，最初に，少しだけお勉強するよ。国語の教科書を出してください」。45分まるまる勉強しなくていいんです。

「勉強大好き」すばらしいことです

とにかく子どものやる気を認めてあげましょう。「こんなに勉強に燃えているなんて，なんてすごい子どもたちなんだ！」まずは，ほめて，その気にさせて，ほんの5分ほどでいいので，教科書を使ったお勉強をするのです。まずは，表紙を音読します。まだひらがなを読めない子がいても，教師の後に続けて音読させていけば大丈夫。元気よく声を出すことで，子どもたちは満足するはずです。そして，その後のトイレの使い方のお勉強にもやる気いっぱいの姿勢で臨めるようになります。

第2章　安心して，学校を大好きになってもらう指導のコツ！

学校探検のポイントは

「幼稚園・保育所と，小学校は違うんだよ」というところを前面に出して，小学校をアピールしたら，子どもたちがおどおどするようになり……。

子どもたちを不安にさせてはいけません

　幼稚園・保育所との違いを前面に出すことによって，これから始まる小学校生活に期待を持たせよう……という教師の意図はわかるのですが，**ワクワク感よりも悪い意味でのドキドキ感を持たせてしまっては意味がありません。**小さい子どもほど，急激な環境の変化に対応できません。小学校入学という大きな環境の変化がすでにあるのですから，ワクワクをねらったことにより，結局ドキドキする子をつくってしまうということがないよう，安心感のある学校探検をするべきなのです。

初めての小学校。1年生にとっては，何もかもが新しくて，ワクワク感もハンパないはず。1年生担任としては，そのワクワク感がさらに増すような紹介をしていこうと思うのですが……。

子どもにとって学校内はどこも珍しく，興味津々です。どの場所を案内する時でも，「ワクワク」する話だけをし，笑顔を誘いましょう。

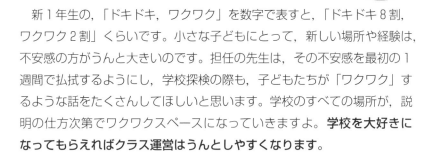

最初が肝心！ 見るものすべてを"ワクワク"に

　新1年生の，「ドキドキ，ワクワク」を数字で表すと，「ドキドキ8割，ワクワク2割」くらいです。小さな子どもにとって，新しい場所や経験は，不安感の方がうんと大きいのです。担任の先生は，その不安感を最初の1週間で払拭するようにし，学校探検の際も，子どもたちが「ワクワク」するような話をたくさんしてほしいと思います。学校のすべての場所が，説明の仕方次第でワクワクスペースになっていきますよ。**学校を大好きになってもらえればクラス運営はうんとしやすくなります。**

第2章　安心して，学校を大好きになってもらう指導のコツ！

6年生は，ぼくらの「師匠」！
～子どもをプロデュース～

その指導ちょっと待って！　やはり6年生は，1年生にとっても尊敬できるお兄さん，お姉さんであってほしいから，まじめに掃除をするように，びしっと指導します。でも何だか不満げ……。

6年生のプライドを傷つけてはいけません

「6年生だからこれぐらいはできるはず，やってほしい」という教師の気持ちが前面に出てしまい，マイナスの指導ばかり。しかも，1年生の前で6年生を指導する。NGもNG，大NGです。6年生の気持ちはますます離れていきます。**つまりは，この指導の逆をすればいいということです。**しっかり頑張っている6年生もいるはずです。「さすが，6年生」「ほうきの使い方がうまい」「1年生のみんなも，まねをするんですよ」と，ほめて，ほめて，ほめまくるのです。そして，さらに……。

入学式の入場では、しっかりと手をつないでいいお兄さん、お姉さんぶりを発揮してくれた6年生。今でも、掃除のお手伝いに来てくれるのですが、あまりいい手本とは言えません。

これならうまくいく！

特にすごい6年生を「掃除の師匠」と認定し、プロデュースします。もちろん、1年生には「師匠」と呼ばせるのです。

師匠制度で6年生をプロデュース

6年生も「師匠」「師匠」と1年生に慕われて嫌な気分はしません。教師にほめられた上に、1年生からも尊敬のまなざしで見られるようになれば、6年生も一生懸命掃除に取り組むようになります。そして、その頑張りをまたほめられる。1年生にとっても、掃除の仕方をしっかりと教えてもらうこともでき、一石二鳥。いいことだらけです。ちなみに、この「師匠」制度は、掃除の場面以外でも使えます。「鉄棒の師匠」や「音読の師匠」など、どんどん認定して6年生との交流を深めましょう。

第2章　安心して，学校を大好きになってもらう指導のコツ！

1年生の隙間の時間には，絵本の読み聞かせ

その指導ちょっと待って！

小学校の1時間は，45分。1年生とはいえ，ここはゆずってはいけないところです。45分集中できるような授業を組み立てなきゃ……でも大変すぎる！

まずは15分を1つのユニットとして

　1年生の子どもたちが45分集中して取り組める楽しい授業を創る……その心意気はよし！　その意識を持ち，努力し続ければ，あなたの授業力は着実にアップしていくはずです。ところが，**目の前の子どもたちは，教師の力量アップを待ってくれません。教師修業は続けつつも，現実の世界にうまく対応していきましょう**。15分を一つのユニットとして授業を組み立てていく手法は，杉渕鐵良氏や古川光弘氏が提案していますので，両氏から学んでください。そして，それでも隙間時間ができたら……。

ウルトラマンの地球上で活動できる時間は3分間ということですが、1年生の子どもたちの集中して活動できる時間は15分程と聞いたことがあります。集中力が切れてしまった時には何がおすすめですか？

これならうまくいく！

「では、今から絵本を読むよ。みんな前に来て」笑顔で話す教師。喜ぶ子どもたち。ちょっとした時間ができたら、絵本の読み聞かせをします。

絵本の読み聞かせはいいことだらけ

　入学したばかりの1年生に対して、じっと椅子に座って45分集中させるなんて、よほどの授業の名人でもない限り難しいと思います。志は高く持ちながらも、楽しく臨機応変に子どもたちと学校生活を楽しみましょう。そこで、絵本の読み聞かせです。もともと「絵本の読み聞かせ」には、とてつもない効能・パワーがあります。私は、特に、**コミュニケーションツール**として絵本の読み聞かせを行っています。だから、「できるだけ**毎日読む**」「**感想を聞かない**」。ゆるいぐらいがいいんです。

第2章 安心して，学校を大好きになってもらう指導のコツ！

1年生に手紙の折り方・たたみ方を教えるには

その指導ちょっと待って！

「二つ折りにして」と言ってもわからないので，「こんなふうにします」と手紙を子どもたちの前で折りながら指導をしていますが，うまく伝わらず……。

「こんなふうに」がわかりません

　教師が子どもたちの前で，実際にやってみせるというところまではいいのですが，「こんなふうにします」という言葉がけが，子どもたちの混乱を招いてしまったのです。つまり，「こんなふう」という指示は，1年生にとって伝わる指示になっていないということです。「こんなふう」って言われても，わからないのです。そこに具体性がないからです。**やって見せる**……という具体例を示したのですから，さらに**言葉がけも具体的にしなければいけなかった**ということです。

意外にくせ者なのが，学校だよりや学級通信などの手紙関係。高学年なら，自分たちでできることでも，1年生の場合，連絡ファイルに入れるための折り方から指導しなければいけないなんて。

「〇〇みたいに」「〇〇のように」……と，比喩を使って言われると、子どもは楽しくなるとともに，とても理解しやすくなります。

説明は「超わかりやすく」「超具体的に」

　1年生を動かそうと思ったら，「こんなことまで言わなければ（しなければ）ならないのか」と思うくらいでちょうどいいと思います。彼らは物心がついてまだ数年。知識と経験が絶対的に不足しています。「こんなふう」「あんなふう」は伝わりません。「超わかりやすく」「超具体的に」言ってあげてくださいね。彼らはまだまだ幼児的なところがあり，感覚的に生きています。だから**どんなことも「〇〇みたいに」と比喩を使って言ってもらえるとわかりやすくなるようです。**

第2章 安心して，学校を大好きになってもらう指導のコツ！

スタートダッシュは，第一印象から

私はあくまでも「中身で勝負」営業スマイルなどいたしません。洋服も自分らしいファッションでと思ってたら，保護者の反応がイマイチ……。

中身は大切，でも見た目も大切

「中身で勝負」なんてこと思うのは自由ですが，だからといって外見がどうでもいいということではありません。人の第一印象は出会った5秒後にもう決まっているという話を聞いたことがあります。第一印象が悪いというのは，スタートラインの10mほど後ろからスタートするようなものです。よっぽど頑張らないとみんなに追いつくことができません。いくら逆境こそがチャンスだといっても，リスクが高すぎます。

入学式の担任発表。保護者の反応が隣のクラスの先生とは明らかに違う。まだ自分は何もしていないし，何も話してもいないのに。

人の第一印象は「表情・外見・態度・しゃべった感じ」で決まります。中でも一番の決め手は「表情」。ならば笑顔が一番！です。

「3秒×20回／1h」の笑顔を

人が描いた第一印象はなかなか覆りません。最初に印象がいいのと悪いのとでは，その後のクラス運営のしやすさが全然違います。「いつも笑顔で」なんて言いません。「3秒の笑顔を1時間に20回」でいいのです。これで保護者も子どもたちも「いつも笑顔の先生」という印象を持ちます。59分は普通の顔なのに。チョークが落ちた，何か言い間違いをした……そんな，何気ない出来事で起こる3秒の笑顔で，20回はすぐにクリアできます。子どもも保護者も先生を見ているだけで嬉しくなりますよ。

第2章 安心して，学校を大好きになってもらう指導のコツ！

「保護者のみなさん」と仲よくなる方法

その対応ちょっと待って！

学級懇談会は，保護者の方たちと仲よくなれるチャンス。一生懸命「保護者のみなさん」に話しかけますが，反応はよくなくて……。

「みなさん」では一人ひとりに伝わりません

クラスの保護者全員と仲よくなりたい……という意識が強すぎて，いつの間にか保護者をひとかたまりで見てしまっているということが，NGです。**これでは，教師と保護者の関係が1：30になってしまいます。保護者の立場で言い換えれば，自分の存在が1／30にされているということです。**これは，面白くないですよね。だから，結局誰ともいい関係を作ることができなくなってしまうのです。このことは，相手が子どもや同僚でも同じことが言えますので，ご注意ください。

隣のクラスのベテランの先生は，クラスのすべての保護者と親しい感じでいつもお話をしています。自分も，クラスの保護者のみなさんと仲よくなりたいのですが。

「保護者のみなさん」ではなく，「保護者の一人ひとり」と仲よくなりましょう。あっと言う間に「みんな」と仲よくなれますよ。

保護者1人ひとりと"10秒の会話"を

　教師など，大勢を相手にする人は「1対大勢」という構図で話していることが多いものです。それではいつまで経っても誰とも仲よくなれません。**しかし，1対1で話をする機会を持ち，全員と「1対1のいい人間関係」を持つと，「みんな」と仲よくなっている**ものです。子ども，および同僚とは自然にそうしています。保護者も同じ。相手が誰であれ，出会うたびにあいさつだけでなく10秒レベルでいいので楽しい会話をしましょう。全員とできた時，「みんな」と仲よくなれています。

第2章 安心して，学校を大好きになってもらう指導のコツ！

保護者とつながる「連絡帳」の活用の仕方

その対応ちょっと待って！

困った行動があれば，すぐに知ってもらおうと，ちょっとしたことでも連絡していたら，最近何かさけられているみたい……。

嫌なことばかり伝えられても……

　もちろん，学校と家庭で情報を共有化することは大切なことです。そうすることで，指導に一貫性を持たせることもできます。でも，だからと言って，**いつもいつもマイナスの情報ばかり伝えられては，伝えられる方は参ってしまいます。**「そんなにうちの子だけが悪いんですか」「先生の指導がよくないのではないですか」と，ストレスがたまり，何かのきっかけで逆切れされても仕方ありません。そうなってから，慌てて言い訳しても後の祭りです。お互いの関係がよくなることはありません。

学校で，何か問題があれば，そのことを保護者に知ってもらい，家庭でも指導してもらうため，連絡帳に書いているのですが，なかなか効果がありません。それどころか，逆切れされてクレームが来る始末。

先に，保護者が笑顔になれそうな話題を書いておきましょう。そのあと思い出したように本題に入ります。不快感が随分緩和されます。

人は笑顔になれてこそ聞く耳を持つ

　保護者というのは，わが子が何年生であっても学校での様子を知りたいものです。しかし子どもは楽しいことも逆のことも自分からは話そうとしないもの。数少ない情報源の一つが担任からの連絡帳です。なのに，開くたびに，聞きたくもない文言が並んでいたら保護者もがっかりです。連絡帳に何か記入する際は，その前に**ひと言でいいので，保護者が喜びそうなほほえましい話題を書いてから本題に入ると，**保護者も心が落ち着き，素直に受け取ってもらいやすくなります。

第2章 安心して,学校を大好きになってもらう指導のコツ!

保護者からのクレームを
ヒートアップさせない方法

その対応ちょっと待って!

保護者からのクレームはイヤなもの。保護者に勘違いがある時,自分の言い分をわかってほしくてつい早口になってしまい,返って悪化……。

早口は,相手を興奮させます

　人は興奮すると早口になります。そして,早口は相手をさらに興奮させることになるのです。こうして興奮した相手は,さらに早口で反論するようになり,マイナスのスパイラルに陥ってしまいます。早く訂正しようと早口になってしまったことにより,ヒートアップが加速し,話の収拾がつかなくなっていくのです。また,このような時は,早口と同時に声も気づかないうちに高くなってしまいます。これでは冷静な会話はできません。

保護者からのクレームに答えているうちに，なぜかどんどんヒートアップして，収拾がつかなくなることがありました。自分的には，そんなつもりは全然ないのですが。

これならうまくいく！

お互いの興奮を収めるためにも，意識的にゆっくりめに話しましょう。たいていの場合，それでちょうどいい早さになっています。

「最後まで聞く」「ゆっくりめに話す」を鉄則に

　有識者によるテレビ討論でも，みんなが早口になると不毛な討論となり，穏やかな話し合いだと建設的な意見が飛び交いますよね。早口は相手を興奮させるだけで，説得力はないのです。「待ってください」と相手の話を途中で遮るのもよくありません。**反論があっても，話を最後まで聞いてからにすると，随分落ち着いて聞いてくれます。**ところで保護者からの「お願い」や「希望」も実はクレームです。要するに「現状に満足していない」ことを伝えたいのです。

第2章 安心して，学校を大好きになってもらう指導のコツ！

保護者からのクレームを
ヒートアップさせない方法 2

クレームに来た保護者の真意を知りたいので，よく「どうしてですか？」や「どうすればいいのですか？」と聞いていたら，なんだかまずかったよう……。

「どうしてですか？」も否定語なんです

「でもね」や「それは違いますよ」というような相手の言葉を否定する言葉は，会話を円滑に進めるためには絶対使ってはいけない NG ワードです。クレームを言ってくる人は，不満の気持ちを伝えて，それを認めてほしいのに，そこで否定語が返ってきたのでは，収まるものも収まりません。また，一見単なる疑問文のように見えますが，「どうしてですか？」「どうすればいいですか？」という言葉も立派な否定語です。言葉の裏に「私はそのことを認めていない」という意味が隠れています。

早口にならないように，保護者のクレームに答えているのですが，それでも保護者をヒートアップさせてしまいます。何がいけないのでしょうか。

これならうまくいく！

クレームがあった時は，思いつく限りの肯定語を入れて話をしましょう。すると，ずっとスムーズに話が進んで，早く話が終わります。

"否定語"を減らし"肯定語"をたくさん使おう

先の例以外にも否定語は無数にあります。「違います」「いいえ」「ダメです」などはもちろん，「そうですかあ？」も否定語。語尾が上がる「はい？」も「え〜⁉」も「はあ？」も相手は否定された気になります。一方，肯定語も無数にあります。「はい」「そう」「へ〜」は短くて便利でおすすめ。「そうでしたか」「大変でしたね」などの共感も言われたら嬉しい肯定言葉です。他人にはもちろん親子・夫婦でも否定語では喧嘩になりやすく，肯定語は関係を近づけます。ぜひお試しを。

COLUMN 2

1年生の指導のポイント

◆キーワードは《安心感》と《楽しさ》

　保育士時代にわかったことがあります。それは，0歳1歳の小さな子どもの保育がうまい先生は，年長クラスを受け持ってもうまく，0歳1歳クラスの保育がうまくいかない先生は，新人かベテランかに関係なく，年長クラスを持ってもうまくいかないことが多い，ということ。0歳であれ6歳であれ，されてイヤなこと言われてイヤなことは同じ，されて嬉しいこと言われて嬉しいことも同じ。それを心得ているかどうかだと思います。小学校のことはよくわかりませんが，もしかしたら同じことが言えるのではないかと私は思います。子どもとうまくいくためのキーワード，それは《安心感》と《楽しさ》だと思います。それをもたらすのがうまい先生は，保育所でも小学校でも，クラスの運営も子どもとの関係も，必ずいいものになっていきます。

◆《脅し》や《威圧》は便利なれど……

　子どもは不安感を与えるとよく動きます。保育所では，節分などでオニの怖さを知った子どもたちに，先生たちはよく「〇〇しない子には，オニが来るよ〜」と言って脅し，やらせようとします。東北のナマハゲも脅しの一種のように思います。「〇〇しようね」と言っても

動かない子どもも，さっと動きます。脅しや威圧は便利なのです。でも，その場限りです。その人を嫌い，その人がいないところでは，元の木阿弥どころか，脅さないとやらない子どもになっていきます。つまり指導法としては全くの逆効果を生むだけのものになるのです。

◆保護者にも《安心感》を

　この章では，保護者との対応にも触れています。保護者といっても，深く学校に関わってくださるのはもう９割がお母さん，つまり母親です。保育所・幼稚園でもそうですが，もう，保護者イコール母親，と思っていてもいいでしょう。まさに母親を制すれば保護者を制す，です。母親ということは，イコール女性。女性というのは，みなさんも経験上ご存じかもしれませんが，すぐに不安感を抱きます。何でもすぐに心配をします。しかし，その不安や心配を取り除いてあげることができたなら，すごい力を発揮してくれます。協力してくれます。保護者対応が本章にあるのはそういう理由からです。子ども，保護者，そして先生。そこに《安心感》さえあれば，みんなちゃ〜んと動いてくれるのです。

第 3 章

学校のしつけが みるみるうまくいく 指導のコツ！

第3章　学校のしつけがみるみるうまくいく指導のコツ！

「しつけ」＝「叱ること」ではありません

国民的アニメの「ばかも〜ん！」

「ばかも〜ん！」
　何かいたずらをして波平さんに叱られるカツオくん。
　日本人なら一度は見たことがある名シーン（？）です。
　そして，「ばかも〜ん！」と怒鳴られたのにもかかわらず，同じ過ちをカツオくんが繰り返した場合は，さらに波平さんの怒りの度合いもアップ。カツオくんは，押し入れや物置に閉じ込められます。
　で，この波平さんの影響かどうかわかりませんが，保護者の中には，「『しつけ』というものは，厳しくなければいけない。できないのなら，叱ってでも身につけさせるべきだ」
　と考えている人がいます。
「しつけ」＝「叱ること」ととらえているのです。
　でも，それは違います。
　辞書（『大辞泉』小学館）にも，しつけとは「礼儀作法をその人の身につくように教え込むこと。また，その礼儀作法」と書かれています。
　つまり，「しつけ」とは，「**するべきことを伝えること・教えること**」なんです。決して，叱ればそれでいいというものではありません。

だって人生経験6年なんですよ

　何といっても，1年生は，まだこの世に生まれて6年ちょっとです。
　礼儀作法，社会のルールなど，知らなくて当たり前です。
　知らないのだから，できなくて当たり前だということです。
　それなのに，一度や二度伝えたぐらいで，できるようになると思い，「ばかも～ん！」と怒鳴ってしまう。
　これ，おかしいですよね。
　大人でも，1回のレッスンでサックスが吹けるようになりますか？　1回の稽古で後ろ回し蹴りができるようになりますか？　1回のセミナーで名人のような授業ができるようになりますか？
　できるはずありません。
　だから，一度や二度でできなくても，怒鳴る必要はないのです。
　……というより，怒鳴ってはいけないのです。
　もう一度，しっかりと教えればいいだけです。
　ただし，「誰や，砂投げとんのは」というようなネガティブな言い方だとその効果は薄くなります。
　いや，それどころか，逆効果になることさえあります。
　本章では，効果的な「学校のしつけ」の指導の押さえどころを紹介していきます。「叱らない」指導法です。

第3章　学校のしつけがみるみるうまくいく指導のコツ！

1年生を元気よく挨拶ができるようにするには？

その指導ちょっと待って！

「元気のいい挨拶には元気のいい挨拶を返す」挨拶はされたら返すのがマナーです。返ってくるまで何度でも言い続けてたら、子どもの反応はどんどん悪くなり……。

教師の圧が強すぎるのも問題です

　他の学年の場合、こういう指導でうまくいくこともあります（ただし、「あれ？　こういう時には……」というようなイヤミな言葉がない場合です）。しかし、1年生の場合、**逆に委縮してしまい、かえって声が出なくなる場合があるのです。**口に出して言うのが恥ずかしいという思いが先に立ってしまうのです。だから、恥ずかしいという気持ちをまず理解した上で、その後、元気よく挨拶ができるような指導をしていくことが必要なのです。

「おはようございます！」と，教師が元気よく挨拶をしても，返事がありません。元気な倍返しの挨拶を期待しているのですが，ほとんど反応がない子にはどのように指導すればいいのでしょうか？

恥ずかしさもわかってあげた上で，ポジティブな自分の気持ちを伝えると，次からは返してくれることがウーンと増えますよ！

1年生には"言いにくい挨拶"がある

　年齢が1桁の子どもには，「おはようございます」「こんにちは」「こんばんは」の挨拶は大人が思う以上にハードルが高く，ちょっと恥ずかしいものがあるようです。**そんな微妙なお年頃を理解してあげましょう。**確かに挨拶は返すのが礼儀です。でも私たちは普段，街でティッシュを配る人が挨拶をしても無視するし，テーマパークで「こんにちは」と言われてもほとんどの人は返しません。これでは挨拶は必ずしも返すものではないことを教えているのも同然ですよね。子どもはそんな大人の世界も見ています。

第3章 学校のしつけがみるみるうまくいく指導のコツ！

1年生に「はい！」とはっきり返事をさせるには？

その指導ちょっと待って！

その場ですぐに言わないと，子どもたちはわからないので，声が小さい時には，もう一度返事のやり直しをさますが，なかなか声が大きくならず……。

注意することが指導ではありません

「できないことを注意すること」が指導であると勘違いしている教師がたまにいます。「注意なしで，できるようにすること」が本当の指導なのですが，そのような教師は，できていないことを目ざとく見つけ，イヤミプンプンの注意をすることに全精力を注ぎます。いい返事が返ってきてもそれが当たり前だとスルーしてしまい，返事ができなかったり，声が小さかったりすると，その度ごとに注意をするのです。かくして，教室にはマイナスのオーラが充満し，ますます返事の声は小さくなるのです。

名前を呼んでも，返事もしないで顔を向けるだけの子がいます。朝の健康観察や授業中の指名の時，元気な声で「ハイッ」と言える子になってほしいのですが。

これならうまくいく！ 子どもに指導する時は，その時子どもがすべきだったこと，つまり子どもに望む行動をやさしく，ストレートに言うのが一番！

イヤミや皮肉では〈本心〉が伝わらない

　私たち日本人は，相手に望む行動をそのまま言葉で言うのが苦手です。レストランで早く持ってきてほしい時などは，「早く持ってきて」と言えず「まだですか」。ひどい場合は「遅すぎません？」「いつまでかかるんですか」とイヤミや皮肉を言って，「早く持ってきてほしい」という本心を伝えようとします。そんな癖がある私たちは，小さな子どもにもイヤミや皮肉を言い，それで《指導した》と思いがちです。**子どもに一番伝わるのは，すべきことをそのまま言うことなのです。**

第3章　学校のしつけがみるみるうまくいく指導のコツ！

1年生ののんびりした「は〜い」をやめさせるには？

その指導ちょっと待って！

1年生らしくてかわいくていいのだけど，いつまでもかわいいだけではいけません。しっかりと教えて，やり直しをさせますが，よくわからないみたいで……。

返事は『は〜い』ではなく、短く『はい』です

「いきなりダメだし」「全否定」はNGです

「は〜い」と同様に「おはようございま〜す」も，1年生らしくてかわいらしいのですが，語尾が伸びて間が抜けた感じになることが多いのです。しかも，「おはようございま〜す」については，6年生になっても抜けきらないクラスが結構あります。もうここまで来ると，かわいらしい要素もほぼなくなり，**間延びしただるい空気が朝から充満することになります**。そうならないように，1年生のころから指導することは大切なことなのですが，やはり，いきなりダメ出しはいけません。

「わかりましたか？」と言うたびに子どもたちから「は〜い」という返事が返ってきます。間延びした感じがして，場の空気が緩んだ感じがします。

これならうまくいく！

たとえ間延びした返事でも，返事をしたことを認め，そのあと〈望ましい返事の仕方〉を伝えると，子どももその通りにします。

その中にある〈認められる部分〉を探す

せっかく返事をしたのに，ほめられるどころかダメ出しを食らったのでは子どももがっかりです。**返事の仕方はまずかったとしても，返事はしたのですから，まずは認めてやりましょう**。すると子どもはそのあと，どんなお小言でも聞く耳を持つようになります。指示もしやすくなります。ところで日本語は，最後から二つ目の言葉は伸ばしやすくなっています。先生同士でも「お願いしま〜す」「すみませ〜ん」。生徒に「よし！」という時も「よ〜し」。だから返事も「は〜い」となりやすいのです。

第3章 学校のしつけがみるみるうまくいく指導のコツ！

1年生にウソをつかない ようにさせるには？

その指導ちょっと待って！

「ウソをつくのはよくない」という当たり前のことをこの時期にしっかりと教えておかないとと思い，きっちりと指導したつもりが，ますます子どもの口はかたくなり……。

怒りながら話しても説得力ゼロ

　子どもたちは天使だからウソはつかない……いえいえ，そんなことはありません。でも，子どもがウソをつく場面は決まっています。本当のことを言うと怒られる時です。これまで子どもたちは本当のことを言って怒られた経験を何度もしています。子どもたちがウソをつくのは，怒られることがイヤだからです。**本当のことを言うと，さらに怒られると思い，最後まで嘘をつきとおそうとして，なかなか本当のことを言ってくれないのです。**

自分に都合が悪いことがあると，ウソをついたり，固まって何も言わなくなってしまったりする子がいます。失敗しても，次に頑張ればいいのだから本当のことを言ってほしいのですが……。

これならうまくいく！

本当のことを言ったらほめられ，ウソをついたら怒られる，というルールにすると，あっと言う間にウソをつかないクラスができあがります。

怒られさえしなければ子どもは正直に言う

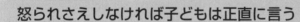

　本当のことを言ったら怒られないで済み，ウソを言ったら怒られる……，それならば子どもは安心して，本当のことを言ってくれます。それで**本当のことを言ったなら，「よく言ってくれた」とまずほめ，そのあと，やさしく諭すようにすると，いつも本当のことを言う子どもになっていきます。**そういう約束で本当のことを言ってくれた時は，ぜ〜ったいに怒ってはいけません。ここが一番大切なところです。もしも少しでも怒ってしまったなら，二度とこの魔法の言葉は効かなくなってしまいますからね。

第3章 学校のしつけがみるみるうまくいく指導のコツ！

自分から「ごめんなさい」を言える子にするには？

その指導ちょっと待って！

自分から「ごめんなさい」と言える子になってほしいから，とにかく「ごめんなさい」を言わせようとしましたが，なかなか素直にならなくて……。

なぜダメなの？俵原先生

言わせればいいというものではありません

教師から「ごめんなさいは？」と強要されると，とりあえず，子どもは「ごめんなさい」と謝ります。でも，それは，単に強く言われたから，反射的に口に出しているだけです。なぜ，「ごめんなさい」を言わないといけなかったのかわかっていません。特に，自分は悪いことをしたと思っていない今回のような場面ではなおさらです。次に同じようなことが起こっても，また，教師から「ごめんなさいは？」と言われないと謝れない子どもになってしまうのです。

掃除の時間，ある子が運んでいた机が，他の子の足に当たりました。わざとではないのはわかるのですが，友だちに痛い思いをさせているのだから，やはり謝らないと。

これならうまくいく！

無理に謝らせるのではなく，謝りやすくしてあげると，子どもの口からその一言が出てきます。そんな時は，クイズ形式が最適です。

子どもはその答えを知っているクイズが好き

　テレビではクイズ番組の花盛りです。人はクイズが大好きです。大人はじっくり考えるクイズが好きですが，子どもは自分が正解を言えるクイズを好みます。なぞなぞでも，低学年ならば，答えを知った後，その正解を自分が言いたくて同じ問題をもう一度出してもらいたがります。「こんな時，どう言えばいいかな？」これも立派なクイズです。しかも子どもの大好きな，その答えを知っているクイズです。気持ちも素直になり，すんなりと「その一言」が出てきます。

第3章　学校のしつけがみるみるうまくいく指導のコツ！

何度注意しても危ないことをしてしまう1年生には?

その指導ちょっと待って！

一度言っても伝わらないのなら，二度。二度でもだめなら三度。その子が分かるまで何度でも注意します。だけど全然やめてくれなくて……。

 「危ない」って，何？　わかりません

　目の前で子どもが危ないことをしていると，つい言ってしまうのが「危ないでしょ」という言葉です。**こう言うことで「今やっている行為＝危ない行為」と伝えたのだから，その「危ない行為」をしなくなったり，「危険から回避するような行為」をするようになったりする……と考えるのはあくまでも大人の論理です。**言葉どおりにしか受け取れない子にとって，危ない時に「危ない」とだけしか言わないのは，とても不親切なことなんです。

やんちゃな子が、休み時間、木の棒を振り回したり、高い所に登ったりするなど、何度注意しても危ないことばかりします。危ないことはやめさせたいのですが。

「危ない！」と叱っただけでは、やめようとしなかった子どもも、してほしいことを具体的に言うと、見事にそのとおりにします。

子どもが危ない時の禁句は「危ない！」

「危ない！」というのは、単なる感想言葉です。「私は危ないと思います」と言っているだけなのです。大人ならば、その言葉で「何がどう危ないか」「それを避けるには……」を瞬時に考え、回避行動を取りますが、子どもはそれができません。とぼけているのではなく「危ない」だけでは本当にわからないのです。しかし**「自分がすべき行動」を教えてあげればそのとおりのことができます。**子どもが「危ない」時に、一番言ってもむだな言葉が、「危ない！」なのです。

第3章 学校のしつけがみるみるうまくいく指導のコツ！

給食を食べ終わらない1年生がいたら？

その指導ちょっと待って！

13時からはお昼休みだから、「長い針が12を指すまでに食べるんですよ」と「いただきます」の時にしっかり話したのですが、伝わってるのかな……？

とりあえず「はい」は言うけれど……

1年生の子どもが感じている時間の感覚は、当然私たち大人とは違ったものです。「長い針が12までに」「あと10分で食べるんですよ」と言われても、**10分間の長さだとかその時間で自分がどれだけのことをできるのかがわからないのです。**だけど、とりあえず「はい」と返事はします。でも、わかっていないのだからできるはずありません。1学期の1年生に対して、時間間隔を要求するのは無茶な話です。

食べるのが遅かったり，おしゃべりに夢中になったりで，時間がかかり，お昼休みが始まる時間になっても給食が終わりません。どうすれば？

遅くなる原因は，子ども一人ひとりで違うものです。まずはその原因を探し，それをしないようにする言葉をかけるといいですよ。

何でもまずは，原因を探ることがスタート

　食事が毎日遅くなる子どもは，次の6つが原因であることが多いものです。①「いただきます」を言ったあと，なかなか食べない　②一口が小さい　③お口モグモグが遅い　④箸を置く時間が長い　⑤肘をつく，膝を立てるなど姿勢が悪い　⑥過度の遊びやお喋り。特に時間がかかる子は，そのうちの3つも4つもしています。**一人ひとりその原因を突き止め，それをさせないようにする言葉をかけると断然早くなります。**ちなみに一番効果がない言葉は「早く食べなさい」です。

第3章　学校のしつけがみるみるうまくいく指導のコツ！

途中で投げ出してしまう子がいたら？

その指導ちょっと待って！

教師の目から見て、まだ不十分なところを指摘して、やり直しをさせたら、すっかりヤル気をなくしてしまったようで……。

1年生への「やり直し」は慎重に

「ぼくはこれでいい」という子は、自分の描いた絵が作品としてすでに完成していると思っています。それに対して、ダメ出しされるということは、マラソンを完走した後に、「ここゴールじゃないから、もう少し走ってきて」と言われるようなものです。これ、きついですよね。**高学年の場合、「やり直し」というキーワードは、子どもを育てるためには重要な意味を持つのですが、それも教師と子どもたちとの間にしっかりとした絆があってのこと。1年生相手の場合はなおさら慎重にご使用ください。**

特に図工や生活で絵を描いた時に、きちんと色を塗っていなかったり、余白がたくさんあったりするのにもかかわらず、「ぼくはこれでいい」と途中で投げ出してしまう子がいます。どうすればいい？

どんな時でも「本人の気持ちや主張を認める言葉が一番、要求的な言葉は二番」を鉄則にすると、子どもの行動はどんどん変わります。

人は自分を認めてくれる人には素直になる

　教師から見たらお粗末きわまりないものだったとしても、本人としてはできたつもりです。その**気持ちは否定せず、まずは認める言葉をかけましょう**。子どもは嬉しくなります。気分もよくなり、そのあとの先生の提案や指導的な言葉にも、素直に従おうとします。そこで「できたらまた教えてね」「また見せてね」などと言われようものなら、「もっといいものを描いて（作って）先生に見てもらおう」と張り切ります。逆にそこで叱られたら、ヤル気は一度にうせてしまいます。

第3章　学校のしつけがみるみるうまくいく指導のコツ！

ゴミをポイ捨てしない子にするには？

その指導ちょっと待って！

自分できちんと考えて行動できる子になってほしい……という思いから、「どこにゴミを捨てているの？」と疑問形で問いかけますが……。

伝わっているのは教師の怒りのみ

「どこにゴミを捨てているの！」「誰ですか！　こんなところにゴミを捨てるのは」と聞かれて、何を言われているのかすぐにわかる子は、クラスの中でもほんの一部です。「こそあど言葉」って、3年生の国語の教科書に出てくるんですよ。**子どもたちに伝わるのは、先生の怒っているという感情だけで、その「真意」はほとんど伝わっていないのです。**マイナスの雰囲気だけがクラスの中に拡散され、いいことなど一つもありません。

ゴミはゴミ箱に捨てる……という当たり前のことができない子がクラスの中に何人もいます。ゴミはどこに捨てればいいのか，それぐらい言われなくてもわかってほしいのですが……。

これならうまくいく！

遠回しな言い方は年齢が1桁の子どもには通じにくいものです。彼らに通じるのは「すべきことをストレートに言った言葉」です。

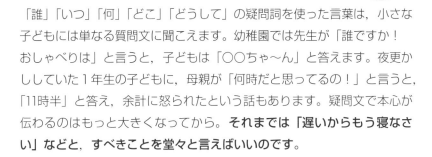

疑問文にせず，こちらが「してほしいこと」を言う

「誰」「いつ」「何」「どこ」「どうして」の疑問詞を使った言葉は，小さな子どもには単なる質問文に聞こえます。幼稚園では先生が「誰ですか！おしゃべりは」と言うと，子どもは「○○ちゃ～ん」と答えます。夜更かししていた1年生の子どもに，母親が「何時だと思ってるの！」と言うと，「11時半」と答え，余計に怒られたという話もあります。疑問文で本心が伝わるのはもっと大きくなってから。**それまでは「遅いからもう寝なさい」などと，すべきことを堂々と言えばいいのです。**

第3章 学校のしつけがみるみるうまくいく指導のコツ！

望ましい行動を定着させる言葉がけ

その指導ちょっと待って！

褒めればいいことはわかっているのですが，とっさにいい褒め言葉が出てきません。言葉につまって黙ってしまいます。どうすれば……。

「沈黙は金」ではありません

　望ましい行為を定着させるには，定着するまで毎回毎回ほめまくらなければいけないとは思うんだけど，それって，わざとらしくない？　……高学年の担任経験が多い教師ほどそう感じることでしょう。確かに，子どもたちは，わざとらしさに敏感です。わざとらしいほめ言葉を連発することが，逆効果になることもあります。**一番いいのは，わざとらしくなくて，子どもたちの心に響くほめ言葉をあらかじめいっぱいストックしておくこと**ですが，これはかなりハードルが高いです。

子どもが望ましい行動を取った時，その行動を定着させようとほめるのですが，なかなかとっさにいいほめ言葉が出ません。何かいい方法はないでしょうか？

望ましい行動を見たなら，その行動をそのまま言葉で言う。たったそれだけで，それは「ほめ言葉」として子どもに届きます。

子どもこそ「ほめられたら伸びるタイプ」

　人は皆「私ってほめられたら伸びるタイプ」と言います。なのに子どもだけは「叱られたら伸びるタイプ」だと思っています。子どもこそ「ほめられたら伸びるタイプ」です。どんどんほめましょう。ぐんぐん伸びます。**まずは「やって当たり前のこと」を「やった時」にほめましょう**。するとその行動は定着します。「偉いね」「すごいね」なんか言わないでOK。「書けたね」「片づけたね」と，**子どもの行動をそのまま言葉で言えばいい**のです。見事にほめ言葉として届きます。

COLUMN 3

ここが指導の押さえどころ。学校のしつけのコツ

◆普通にしているだけで怒られる!?

「子どもと夫は毎日，普通にしているだけで怒られる」。経験から来る，私の言葉です。そうです，私たち夫族は，家に帰ってきただけで，服を脱いだだけで，食卓についただけで，何かお小言を言われることがあります。「あれどこ？」と質問をしただけで怒られることもあります。ちゃんと留守番していただけで，「うわ，こんなに散らかして」と怒られることもあります。本人はただ家に帰り食卓に着いただけ。わからないから質問をしただけ。留守番をしていただけ。なのに何か言われるのです。子どもも毎日そんな感じのような気がします。怒っている方は「怒ったのではない，あれは指導だ」と言うでしょう。でも怒られた方は，何も悪いことをしていないのに怒られたような気がしています。少なくとも「指導」とは思えないのです。

◆《しつけ（指導）》の目的は？

親，教師，保育士……，子どもたちと真剣に向き合っている人は，子どもを叱ります。怒ります。でもそれはすべて，子どもたちに《いい子》になってほしいから……，つまり，《しつけ（指導）》のために怒ったのです。伸びてほしいから叱ったのです。しかし《しつけ（指

導)》を,「怒って改めさせていくこと」と思っていると, 虐待や体罰も, 立派な《しつけ（指導）》になってしまいます。私は《しつけ（指導）》とは「怒ること」ではなく,「教えること」「伝えること」だと思っています。だから私はしつけは0歳からすべきだと思っています。たとえばハサミを持ってしまった赤ちゃんには, 叱ったりその手を叩いたりせずとも,「ダメよ」「危ないから置こうね」と教える（伝える）だけで, それは立派なしつけになっています。

　その場で効果はなくても, 仮にそこで悪態をつかれても,「それはよくない（してはいけない）こと」と教えた（伝えた）時点で, しつけ（指導）は立派になされたのです。怒鳴っただけ, 文句を言っただけの《しつけ（指導）》よりも, はるかに効果が上がります。

◆まず教える（伝える）

　いつの時代も子どもと夫はよく怒られます。確かに怒られるようなことをよくしているかもしれません。では, そんな時どうしてほしかったか。彼らを代表して言わせていただくと, 怒るのではなく, それがよくないことを教えてほしかったのです。できればやさしく。きっとあなたもそうであるように。

第4章

学校と友だちを好きになる
楽しいゲームと
学習アイデア

第4章　学校と友だちを好きになる楽しいゲームと学習アイデア

笑顔が止まらない。
躍る心止まらない。

笑顔にしてくれた人を好きになる

「Aさん，絶対俺のこと好きなはず」
「あのAさんがお前を？　そんなことあるかいな」
「いや，間違いない。俺の野性の勘がそう言っている。それに……」
「それに……？」
「この前，俺のこと見て，にっこり，ほほえんでた」
　あぁ，青春の勘違い（笑）。
　でも，原坂さんによると，小さいお子さんは「自分を笑顔にしてくれた人を好きになる」そうです。
「子どもに好かれようと思うな。まず好きになれ」という言葉を聞いたことがありますが，これは「好かれよう」ということにこだわりすぎることを戒める言葉だと私は理解しています。確かに，「好かれよう」として，何となく二の足を踏んでしまい，目の前の子どもをきちんと指導することができなくなっては困ります。
　だから，「まず，こちらが子どものことを好きになりなさい」ということになります。教師のそのプラスの思いは必ず子どもたちに伝わります。
　でも，向こうから好きになってくれることを拒む理由はありません。
　一気に，子どもたちとの信頼のパイプをつなげるためにも，子ども

たちを笑わせましょう。

どんな手を使ってもオッケーです（笑）

　１年生の子どもたちは，笑うことが大好きです。大人なら，いや，高学年の子どもたちなら，受けないようなベタなことでも大笑いしてくれます。
「えっ，こんなことでバカ受けするの？」
　高学年の担任が多かった私には，衝撃的でした。例えば，原坂さんから教えていただいたものに，次のようなものがあります。
「みんな，こっちに集まって……」
　子どもたちが集まってきたら，こう言います。
「はい，みなさん，すわりま……」と自分も座るようなかっこうをした直後に，「せん！」と続けて自分だけ立ちます。子どもたちはだまされたぁ……と大爆笑。
　このようなネタを，入学してすぐの黄金の３日間にちりばめていくのです。
　子どもたちとの距離がぐっと縮まるはずです。
　子どもが笑顔になるネタの数々を本章で紹介していきます。
「笑わせたもん勝ち」の精神でどんどん仕掛けていきましょう。

第4章　学校と友だちを好きになる楽しいゲームと学習アイデア

手と手を合わせて,つながろう!
～ハイタッチ&すかしタッチ～

こんなゲームで楽しもう!

1年生の子どもたちは,ハイタッチが大好きです。どんどんハイタッチをして,子どもたちとつながっていきましょう。

こうやりましょう!　とにもかくにもハイタッチ

　このハイタッチ,本来は称賛・祝勝を意味するジェスチャーということで,何かいいことやうれしいことがあった時にするものなのですが,こんなに1年生が盛り上がるネタをそんな狭い範囲に押しとどめておくのは,もったいない。朝最初に出会った時,休み時間から帰ってきた時,授業中ナイスな発言をした時,苦手なニンジンを食べた時,そして,さようならの時など,**その気にさえなれば**,1日のうちに何度もハイタッチをする機会をつくることができます。

子どもたちとつながるのに言葉はいりません。さっと手を差し出すだけ。何も言わなくても子どもたちも手を合わせてくれます。ハイタッチ一つで一気につながることができるのです。

さらにはこんなやり方も！ ハイタッチで子どもたちとのつながりも深まってきたら，たまにはこんな変化球もお勧めします。その名も「すかしタッチ」。

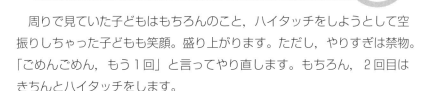

ハイタッチからのすかしタッチ

　周りで見ていた子どもはもちろんのこと，ハイタッチをしようとして空振りしちゃった子どもも笑顔。盛り上がります。ただし，やりすぎは禁物。「ごめんごめん，もう1回」と言ってやり直します。もちろん，2回目はきちんとハイタッチをします。

　ちなみに，このすかしタッチは，あくまでも，子どもたちとのつながりができてからにしてくださいね。いきなりこれをしちゃうと先生不信になってしまうかもしれませんので……。

第4章　学校と友だちを好きになる楽しいゲームと学習アイデア

声を出そう……そして……声を出すな
～全力じゃんけん&ミュートじゃんけん～

こんなゲームで楽しもう！
ルールは簡単，「全力でじゃんけんをする」……勝ったら，大声で喜び，負けたら大げさに悔しがる。ただ，それだけです。

とにかく叫ぶ，そしてはしゃぐ

　まずは，実際に先生が見本を示してあげましょう。こういうことが大好きな男の子と勝負するのがいいでしょう（隣のクラスの先生と大人対決ができれば，さらにいいのですが）。まず最初に，先生のオーバーアクションを見せて，子どもたちを乗せていくのです。実際やってみるとわかりますが，思っていた以上に気分がスカッとします。大きな声を出すって楽しいですからね。そして，ちょっと離れた所から，全力で取り組んでいる子どもたちの姿を見るのもまた面白いのです。

「大きな声を出しましょう」と言うだけでは、大きな声は出ません。教師の言葉だけでは、子どもたちに大きな声を出すことがどういうものかイメージがわかないからです。そこでおすすめなのがこれ。

さらにはこんなやり方も！

全力じゃんけんの次は、ミュート（消音）じゃんけんです。いくらじゃんけんに勝ったとしても、声を出したら負けになります。

音の無い世界をたのしもう

このルールに慣れてきたら、もう一つ上のようなアクションを付け加えます。そして、教師はずっとグーを出し続けます。勝つ子がどんどん増えてくると、子どもたちの動きがどんどんシンクロしていきます。こちらも全力じゃんけん同様、その様子がかわいくて、見ている教師が一番面白いという状況になります。このような**声を出さずに楽しむゲームをいくつか教えておくと、遠足のホームでの待ち時間などに、静かに楽しく時間を過ごすことができます**。そういう裏の目的もあります。

第4章 学校と友だちを好きになる楽しいゲームと学習アイデア

運命の人見つけた！
～絵合わせゲーム&漢字合わせゲーム～

こんなゲームで楽しもう！

無作為に二人組を作りたい時に使う遊びです。一つの絵を二つのカードにして、ぴったり合うカードを持っている人を探し合うゲームです。

誰とペアになるかドキドキです

　乗り物や動物などが描かれているカード（自作でも市販でもオッケー）を用意して、それぞれ半分に切っておきます。カードを配って、ゲーム開始。残る絵の半分が描かれたカード、つまり、自分のカードの相棒を探させるのです。

　ぴったり合えば、それは運命の出会い。子どもたちは大歓声を上げます。相手に親近感がわき、お互い笑顔で次の活動に移ることができます。**全員が楽しみながら、あっという間に二人組ができあがります。**

子どもたちがなかなか打ち解けない時，なんとなくクラスのまとまりがない時におすすめ！　二人組を作るゲームをとおして，子ども同士の緊張感をアイスブレイクできますよ！

さらにはこんなやり方も！　ひらがなや漢字などの文字を習い出したら，それでカードを作ってみるのもおすすめです。勉強もできて，一石二鳥！

ただし気をつけることがあります

　カードがそろったペアは先生に見せに来るように指示をしましょう。そして，カードは即回収。

　そのままカードを持たせていると，それで遊び出してしまいます。それが，子どもというものです（笑）。

　クラスの人数が奇数の時は，つらい思いをする子が出ないように，3等分カードや「先生と相棒スペシャルカード」などを作ってくださいね。

第4章 学校と友だちを好きになる楽しいゲームと学習アイデア

朝のあいさつで音読指導
～おはよう3連チャン&ドラえもんチェック～

こんなゲームで楽しもう！

1回だけではもったいないので、3回連続「おはようございます」とあいさつをします。ただ、3回とも同じというのも芸がありませんので……。

「Repeat after me」で子どもをのせる

　上のイラストのように、2回目、3回目はちょっと変化をつけていきます。すべて、基本は、Repeat after me。教師の後に続いて言わせます。
　実は、この3連チャンをすることによって、表現読みで大切な「大きく読む」「小さく読む」「速く読む」「ゆっくり読む」「物まね（笑）→声色」などの練習を毎日することができるのです。ちなみに、この「おはよう3連チャン」で、1年生の子どもたちにバカ受けなのが、ドラえもんバージョン。どんどんドラえもんの物まねがうまくなっていきます（笑）。

朝の会の時間，教師が元気よく「おはようございます！」とあいさつすれば，素直な1年生はさらに元気よくあいさつを返してくれます。こんな素敵なやり取りを1回だけで終わらせるのはもったいないですよね。

さらにはこんなやり方も！

あいさつの後は，このドラえもんのものまねでハンカチチェックをします。秘密道具を出すような感じで，ハンカチを出すのです。

ヘタなものまねでも子どもは喜んでくれます

教師の「ハンカチィ」というタイミングで，ポケットやポシェットからハンカチを取り出すように子どもたちには指示をします。子どもたちは笑顔で教師のこの提案にのってきます。もちろん，ハンカチを忘れた子は，このアクションをみんなと一緒にすることができません。やんちゃな男の子のハンカチ忘れが減ってきます。ちなみに「ハンカチィ」の後には，「手を拭くことができる〜ぅ」という言葉が続くのですが，当たり前の説明をそれらしく言うボケは1年生にも通じるようです（笑）。

第4章　学校と友だちを好きになる楽しいゲームと学習アイデア

白黒はっきりみんなスッキリ
～「漢字さがし」にひと工夫～

「漢字さがし」という向山洋一氏の有名な実践があります。子どもたちが燃える実践なのですが，実は1年生にはちょっと……というところが。

**この中にある漢字を
できるだけたくさん見つけます**

　例えば，「田」という漢字です。「一」もそうですよね。「二」もあります。「三」も大丈夫。「四」は，ちょっと無理があるかな……ということで「四」については，満場一致でダメということになります。
　ところが，問題なのが「五」。おまけでもいいような。ダメなような。これが高学年ともなると，クラスの雰囲気を読んで大人の対応（？）もできるのですが，白黒はっきりつけたいのが1年生。「これくらいいいやんか！」「あかん，ぜったいあかん！」と，教室が騒然となります。

漢字の勉強も進んできたころにおすすめなのが，「漢字さがし」ゲーム。いわゆる学習ゲームの鉄板ネタですが，1年生相手に行うにはちょっとした工夫が必要になってきます。その工夫とは……。

さらにはこんなやり方も！

そこで俵原が考えたのがこれです。一見大した違いではないように見えますが，これなら，「五」も正々堂々オッケーになります。

どの子も納得する工夫はこれだ!!

「五」だけではありません。他にも，境界線上にある漢字のほとんどが正解になるのです。1年生でも2学期ぐらいにはこの「漢字さがし(改)」は，使用可能です。「四」を除くと「一」〜「十」までは，すべてクリアできますので，すぐに20個ぐらい探すことができます。ちなみに，私は，全学年で行ったのですが，どの学年でも，もめることはなし。スムーズに授業を進めることができました。**実は，1年生に限ったことではなく，正解がブレないということは，とても大切なことなんですよね。**

COLUMN 4

子どもたちが笑顔になる方法

◆子どもの笑顔に必要なもの

　日本笑い学会という，笑いを真剣に研究する学会があります。そこで私は「子どもと笑い」という論文を書いたり研究発表したりするうちに，「日本笑い学会賞」なる素晴らしい賞をいただきました。その研究の一部をこの場で紹介させてください。

　子どもを笑顔にするには次の三つのことが必要です。まず一つ目。それは《面白さ》です。そこに面白さがあれば子どもは笑います。だから面白い先生はトクです。すぐに人気者になります。二つ目。《楽しさ》《嬉しさ》です。子どもの笑顔は自然現象。楽しいこと嬉しいことがあると，勝手に笑顔になるのです。

　しかし，学校，こと授業の中では，面白いことや楽しい（嬉しい）ことはなかなか自然発生しないものです。ならば，教師が作ってしまえばいいのです。この章で紹介されているゲームや遊びを参考に，皆さんも子どもたちが笑顔になるネタをどんどん考えてくださいね。

◆好かれるだけでいい

　子どもを笑顔にするために必要な三つ目，それは「子どもに好かれている」ということ。私は子どもたちを笑顔にしたくて保育士になりました。新人時代はそれこそおもしろおかしいことばかりをし，子ど

もを笑わせていました。しかしやがて，そんなことは何もしなくても子どもはよく笑うということに気づいたのです。どうすればいいか。自分を大好きになってもらえれば終わりだったのです。7歳くらいまでの子どもは，大人と違って作り笑いができません。だから，記念写真の時でも，難しい顔で写ることがあります。しかし，それらの条件の1つでも整えば，すぐに笑顔になります。だから，もしも笑顔の記念写真があったなら，写す時，必ず何か面白いことや楽しいことがあったはずです。

◆子どもに好かれる先生に

　大好きな先生なら廊下ですれ違っただけで子どもたちは笑顔になります。自分から笑顔で話します。面白いことは何も言っていないのに，楽しいことは何もしていないのに，笑顔だらけになるのです。

　子どもから好かれるのは実は簡単です。好かれるのを待つのではなく，子どもたちを先に大好きになればいいのです。大好きになると，その言動のすべてが，「あなたを好きですよ」バージョンになり，その気持ちは必ず相手に伝わります。すると向こうも同じ気持ちになっていきます。だから子どもが大好きな先生は，子どもからも好かれるのです。本当です。

カリスマ教師 vs スーパー保育士対談！
１年生対応の重要ポイントはここだ！

編集（以下，略）：今回，執筆していただいたお二人は多くの１年生の教室を見ていると思うのですが，いい教室には，何か共通点のようなものがあるでしょうか？

俵原：そうですね。１年生の教室に限らず，いい教室は入った瞬間にわかりますよね。空気がまるで違います。

原坂：そう，まさに瞬間，10秒でわかりますね。

俵原：明るいんです。子どもたちが笑顔。先生ももちろん笑顔。そして，授業が面白い。

原坂：授業と言えば，私は，初めて訪れた学校でも，１～２分授業を見させてもらったら，その先生が普段どんな先生で，子どもとの関係はどんな感じかまでわかります。

――それはすごいですね。千里眼でもお持ちなんでしょうか？

原坂：いえ，そうではなく（笑），その先生が生徒にかけている，その言葉がけでわかるんです。授業のどこの場面での言葉がけでも構いません。なんなら遠足で子どもたちを引率している最中のほんの30秒ほどを見ただけでもわかります。

俵原：今回の本の構成と一緒ですよね。

原坂：まさにそうですね。つまり，ポジティブな言葉がけをしているかネガティブな言葉がけをしているかということなんです。どんな場面であろうと，１分も見れば，その先生が普段からどちらの言葉がけが多いのかがわかります。そこから，子どもへの接し方もわかるのです。

俵原：ほら，この本も左のページがネガティブな言葉がけ，右のページがポジティブな言葉がけとなっているでしょ。

――確かに……。

原坂：私は，このことを「言葉がけのN・P・O」と呼んでいます。Nは，相手にネガティブ（negative）な気持ちを起こす言葉。Pは，ポジティブ（positive）な気持ちを起こす言葉。そして，Oは，そのどちらでもない，つまり特に影響のない言葉（out of effect）ということです。およそ，人が話す言葉は，種類で分けるとこの3種類になるのです。

俵原：口から出る言葉が，ネガティブなものが多い教師。その反対にポジティブなものが多い教師。そのどちらでもない教師。教師も，見事3種類いますよ。当然，いい雰囲気のクラスの先生は，ポジティブな言葉がけを多くしています。

原坂：ところが，普通は，教師でも，親でも，普段話している言葉をN・P・Oで分類すると，その割合は，3：1：6となることが多いみたいです。

俵原：そうなんですか。ということは，そのO，つまり特に影響のない言葉というのは，ニュートラルな状態ですからどちらの色にでも染まるので，その割合だと，言われている子どもの意識としては，Nの3とOの6を足して9，要するに9：1でいつもネガティブぎみな言葉を言われているような気になりますよね。

原坂：だから，ネガティブとポジティブの割合を逆（つまり，1：

3：6）にすれば，今度は1：9でポジティブ気味な言葉ばかりを言われている気になるので，一気に子どもとの関係はよくなるんですよ。
── でも，それって，人によっては難しいと思うかもしれないですよね。
原坂：いや，いかなる状況での言葉がけもその気にさえなればポジティブな言葉にして言うことができるんですよ。でも，それでもハードルが高いと感じる人は，まずネガティブを言わないように意識すればいいのです。いきなりNからPが難しいのなら，Nだった言葉がけをOにすればいいということです。
── 面白いですね。具体的に話していただけますか？
原坂：例えば，駅のホームで遠足の引率をしている姿をたまに見かけるのですが，そこで，勝手にお茶を飲んでいる子がいた場合，「誰や！ 今，お茶を飲んどるのは！」といったN的な言葉を，「今はお茶を飲めません」とごく普通の言い方，つまりO的な言葉に換えることはすぐにできると思います。これだけでも随分違います。
俵原：マイナスイメージの主観的な思いを抜いて，客観的な事実だけを述べる。よけいな修飾語を省くということですね。
原坂：指導としてはOの言葉で十分なんです。そして，Oの言葉が習慣になってきたら，次はOだった言葉をP，つまりポジティブの言葉に変えていくのです。さっきの例でしたらこうなります。（双眼鏡をのぞき込んでいるようなジェスチャーをして）「あっ，大変です。今，お茶を飲んでいる子を発見しました。あれは，誰でしょうか⁉」
── これなら，注意された子も「てへぺろ」みたいな感じで自分の行動を

直せますね。まさにポジティブな感情を起こしながら改めることができます。

俵原：そして，何より周りの子も楽しくなる。ネガティブな言葉で誰かが叱られていると，自分は叱られていなくても，イヤな気分になるものです。そして，だんだん教室の空気が悪くなっていきます。でも，そういう意識は，叱っている教師にはありませんけどね。

原坂：「子育てに正解はない」という言葉を聞いたことがあると思います。でも，そうなると，何でもありになってしまい，体罰もオッケーということになってしまいます。確かにこれでないといけないという正解はないのですが，「不正解」はあるのです。その一つが，ネガティブな言葉ばかりで子どもを動かす，ということなのです。

―― では，この辺で少し話を変えさせていただきます。俵原先生は，『なぜかクラスがうまくいく教師のちょっとした習慣』で，4月当初に「全員の名前を1日10回言う」ということを意識していると書かれていましたが，原坂先生が4月当初に特に意識していることは何ですか？

原坂：4月当初に気をつけていることは，「1週間以内に全員を大好きになる」ということです。全員というのがポイントです。一人でも抜けるとうまくいきません。ある年は，9月ぐらいまでかかったことがあったのですが，最後の一人を運動会前に大好きになれ，それ以後のクラス運営がとてもうまくいきました。ひどい叱り方をしている先生を見ていると，本当に子どものことを好きなのかなと感じてしまいます。もしも大好きならば，あそこまでひどいネガティブな言葉がけ

はできないと考えてしまうのです。
　——あっ，結局，言葉がけのＮ・Ｐ・Ｏの話に戻ってしまいましたね。もうこうなったら，最後までこの話題で行きましょう（笑）。
原坂：今回の本でも，ポジティブな言葉をたくさん紹介していますが，別にここに書かれている言葉でなくてもいいのです。ポジティブな言葉は無限にあります。
俵原：そういう意味では，正解は一つではないということですね。目の前の子どもたちを見て，自分のキャラクターに合った自分なりのポジティブな言葉を見つけてほしいと思っています。
原坂：できないと思わないで，やってほしいですね。というのも，大人同士のかかわりでは，みんな，ポジティブな言葉を使おうとしていますよ。普段から，子ども相手にがみがみ言っているネガティブな言葉がけの先生も，保護者相手にそんな言葉は言わないはずです。
俵原：確かに，参観日で授業も見ずに教室の後ろでしゃべっているお母さん方に対しても「そこ，何しゃべってるんですか！　しゃべるなら出てってください！」なんて言う猛者はいません。
原坂：だから，本当はみんなＮがいけないことはわかっているんだと思います。とっさにＰが出ないだけで。本当はいかなる時でもＰの言葉で動かすべきことはみんなわかっているので，皮肉な言い方をすれば，授業参観や公開授業では，Ｐの言葉がたくさん行き交っています。
俵原：このＮＰＯについては，全学年に通用することなのですが，実は６年生には通用しても，１年生には通用しないことがあるんです。

私も，久しぶりに１年生と接することがあった時，この点で最初とまどいました。

――残り紙面も少なくなってきましたので，端的に……（笑）。

俵原：あっ，すみません。実は，高学年の場合，「ＡさせたいのならＢ」という指示が有効に働くのですが，１年生の場合，それが通用しないことがでてきます。先生としては優れた指示をしているつもりですが，とんでもない。１年生には，「ＡさせたいのならＢ」ではなく，「ＡさせたいならＡＡＡ」ぐらい丁寧にやらないといけないのです。

――まだまだ話は尽きないようですが，残り紙面もなくなってきました。最後は，俵原先生のポジティブな言葉で締めたいと思います。

俵原：では，僭越ながら……。「ゴールは，ハッピーエンドに決まっています」思いっきり１年生担任を楽しんでください。

原坂：では，この対談もハッピーエンドで終わるために，私も一言。一介の保育士でしかなかった私が，学校のこともよく知らないくせにこの本の中であれこれ偉そうに言ってしまいましたが，私は小学校の先生が大好きです。だって私と同じように，子どもが大好きな人ばかり。それだけでも嬉しくなります。わが子の学校のＰＴＡ会長もし，行事や授業参観にもほとんど参加して思ったのですが，今の先生，私たちの頃の先生よりも総じてやさしく，親切です。親もそうですが，子どもへの愛情さえあれば必ずうまくいきます。相手が何年生であろうと。それを信じて，どうか自信をもって頑張ってほしいと思います。

おわりに

「親が変われば子どもも変わる」とよく言われます。
「教師が変われば生徒も変わる」という言葉もよく聞きます。
「人を変えるにはまず自分から」ということでしょうか。
　そのくらい，みんなわかっています。
　わかっているけれど，あえてやらない，のだと思います。
　できないのではなく，やらないのです。
　どうしてかと言うと，自分を変えてまでやりたくないのです。
　自分は自分，違う自分に変わりたいなんて，別に思いません。
　だから，「自分が変わると……」の類の言葉には，「それはそうだけど……」となり，実行しにくいのだと思います。
　しかし，私は思います。
　変わると言っても，変わるのは全体の５％くらいでいいのではないかと。
　残る95％は，今のままでいいのです。
　ある父親講座で，《効果のある子どもの叱り方》をお伝えしました。
　参加されたあるお父さんが１週間実施すると，５歳の息子さんがどんどん変わったそうです。
　そして奥さんに言われたそうです。
「あなたはどこかが変わった。でもそのどこかがわからない」と。
　私がそのお父さんに言ったのは，「子どもを叱るときは，《何してるんだ！》《どこに捨ててるんだ！》《いつまで起きてるんだ！》など，５Ｗを使った質問式の言い方を一切やめ，《○○してはダメ》《あそこに捨てなさい》《早く寝なさい》と，すべきことをストレートに言う」でした。

そのお父さんはその通りにやってくれました。
　すると子どもも，その通りをしたそうです。
　夫の何かが変わったけれど，その何かがわからなかったのが奥さんだったというわけです。
　それもそのはずです。
　そのお父さんは，それ以外は何も変わっていなかったのですから。
　そう，変わるのは5％（以下）でいいのです。
　それだけで，状況は大きく変わるのです。
　この本が，皆さんの5％の変えどころのヒントになればいいなと思っています。
　まえがきで，俵原先生は100％だの，数字を書いています。そして今，私も5％だの95％だの，数字にこだわっています。
　二人とも数字が好きなようです。
　ある勉強会で初めて出会った25年前から，二人は共通点が多いなあと思っていました。
　プロレス好き，アイドル好き，マンガ好き（二人ともイラストが得意なんですよ），そして大の子ども好き。
　特にその子ども観は，昔からそっくりでした。
　プロレスごっこでもいいから，いつかタッグを組みたいなと思っていましたが，この本で実現しました。
　嬉しい限りです。
　最後まで読んでいただいた読者の皆様にもお礼を申しあげます。
　ありがとうございました。

原坂　一郎

著者紹介

俵原正仁（たわらはら　まさひと）

1985年兵庫教育大学を卒業後，兵庫県の小学校教諭として勤務。「笑顔の教師が笑顔の子どもを育てる」という「笑育」なるコンセプトによる実践は，朝日新聞，朝日放送「おはよう朝日です」などマスコミにも取り上げられた。座右の銘は，「GOAL は HAPPYEND に決まっている」。好きなお寿司はコーン。著書に，「なぜかクラスがうまくいく教師のちょっとした習慣」（学陽書房）他がある。

原坂一郎（はらさか　いちろう）

1979年関西大学社会学部を卒業後，独学で保育士資格を取得。当時珍しい男性保育士となり，神戸市で23年間，6か所の保育園で働いたあと，こどもコンサルトとなり，KANSAI こども研究所を設立。さまざまな子育て支援を行っている。子どもを瞬時に惹きつけるその保育は，メディアからスーパー保育士と呼ばれた。著書に「男の子のしつけに悩んだら読む本」（すばる舎）他がある。

若い教師のための
１年生が絶対こっちを向く指導！

2015年 3 月19日　初版発行
2024年 2 月15日　10刷発行

著　者─────俵原正仁・原坂一郎
　　　　　　　　（たわらはらまさひと）（はらさかいちろう）
発行者─────佐久間重嘉
発行所─────学 陽 書 房
　　　　　　　〒102-0072　東京都千代田区飯田橋1-9-3
営業部─────TEL 03-3261-1111／FAX 03-5211-3300
編集部─────TEL 03-3261-1112
　　　　　　　http://www.gakuyo.co.jp/

カバーデザイン／スタジオダンク　　イラスト／内野しん
本文デザイン・DTP制作／株式会社　新後閑
印刷・製本／三省堂印刷

© Masahito Tawarahara, Ichiro Harasaka 2015, Printed in Japan.
ISBN 978-4-313-65278-1　C0037
乱丁・落丁本は，送料小社負担にてお取り替え致します。